MW01674201

Middelhavskogebog for begyndere 2023

Opskrifter til at overraske din familie og venner!

Christian Bengtsson

Indholdsfortegnelse

Boghvede Æble-Rosin Muffin

Forberedelsestid: 24 minutter

Madlavningstid: 20 minutter

Portioner: 12

Sværhedsgrad: Gennemsnitlig

Ingredienser:

- 1 kop universalmel
- 3/4 kop boghvedemel
- 2 spsk brun farin
- 1 1/2 tsk bagepulver
- 1/4 tsk bagepulver
- 3/4 kop fedtfattig kærnemælk
- 2 spsk olivenolie
- 1 stort æg
- 1 kop skrællede og udkernede, friske æbler i tern
- 1/4 kop gyldne rosiner

Rutevejledning:

Forbered ovnen ved 375 grader F. Beklæd en 12-kopps muffinform med en non-stick madlavningsspray eller papirkopper. Sæt til side. Bland alle de tørre ingredienser i en røreskål. Sæt til side.

Pisk de flydende ingredienser sammen til en jævn masse. Flyt den flydende blanding over melblandingen og bland, indtil den er fugtet. Vend æbler og rosiner i tern. Fyld hver muffinkopper med cirka 2/3 af blandingen. Bag til den bliver gyldenbrun. Brug tandstikkertesten. Tjene.

Ernæring (for 100g):117 kalorier 1g fedt 19g kulhydrater 3g protein 683mg natrium

Græskarklidmuffin

Forberedelsestid: 20 minutter

Madlavningstid: 20 minutter

Portioner: 22

Sværhedsgrad: Gennemsnitlig

Ingredienser:

- 3/4 kop universalmel
- 3/4 kop fuldkornshvedemel
- 2 spsk sukker
- 1 spsk bagepulver
- 1/8 tsk salt
- 1 tsk græskartærtekrydderi
- 2 kopper 100% klid korn
- 1 1/2 kopper skummetmælk
- 2 æggehvider
- 15 ounce x 1 dåse græskar
- 2 spsk avocadoolie

Rutevejledning:

Forvarm ovnen til 400 grader Fahrenheit. Forbered en muffinpande nok til 22 muffins og beklæd med en non-stick madlavningsspray. Rør de første fire ingredienser sammen, indtil de er kombineret. Sæt til side.

Brug en stor røreskål til at blande mælk og kornklid sammen og lad det stå i 2 minutter, eller indtil kornene er bløde. Tilsæt olie, æggehvider og græskar i klidblandingen og blend godt. Fyld melblandingen i og bland godt.

Fordel dejen i lige store portioner i muffinsformen. Bages i 20 minutter. Tag muffinsene ud af panden og server lune eller afkølede.

Ernæring (for 100g):70 kalorier 3g fedt 14g kulhydrater 3g protein 484mg natrium

Boghvede kærnemælkspandekager

Forberedelsestid: 2 minutter

Madlavningstid: 18 minutter

Portioner: 9

Sværhedsgrad: Let

Ingredienser:

- 1/2 kop boghvedemel
- 1/2 kop universalmel
- 2 teskefulde bagepulver
- 1 tsk brun farin
- 2 spsk olivenolie
- 2 store æg
- 1 kop fedtfattig kærnemælk

Rutevejledning:

Kom de første fire ingredienser i en skål. Tilsæt olie, kærnemælk og æg og bland indtil det er grundigt blandet. Sæt stegepladen over medium varme og spray med non-stick madlavningsspray. Hæld ¼ kop af dejen over stegepanden og steg i 1-2 minutter på hver side, eller indtil de bliver gyldenbrune. Server straks.

Ernæring (for 100g):108 kalorier 3g fedt 12g kulhydrater 4g protein 556mg natrium

Fransk toast med mandler og ferskenkompot

Forberedelsestid: 10 minutter

Madlavningstid: 15 minutter

Portioner: 4

Sværhedsgrad: Let

Ingredienser:

- Kompot:
- 3 spiseskefulde sukkererstatning, sucralose-baseret
- 1/3 kop + 2 spsk vand, delt
- 1 1/2 kopper friske skrællede eller frosne, optøede og drænede ferskner i skiver
- 2 spiseskefulde ferskenfrugtspredning, uden tilsætning af sukker
- 1/4 tsk stødt kanel
- Mandel fransk toast
- 1/4 kop (skummet) fedtfri mælk
- 3 spiseskefulde sukkererstatning, sucralose-baseret
- 2 hele æg
- 2 æggehvider
- 1/2 tsk mandelekstrakt
- 1/8 tsk salt
- 4 skiver flerkornsbrød
- 1/3 kop skivede mandler

Rutevejledning:

For at lave kompotten skal du opløse 3 spsk sucralose i 1/3 kop vand i en medium gryde ved høj-medium varme. Rør fersknerne i og bring det i kog. Reducer varmen til medium og fortsæt med at koge uden låg i yderligere 5 minutter, eller indtil ferskenerne er bløde.

Kombiner det resterende vand og frugtpålæg, og rør derefter i ferskenerne i gryden. Kog i endnu et minut, eller indtil siruppen tykner. Tag af varmen og tilsæt kanel. Dæk til for at holde varmen.

At lave fransk toast. Kombiner mælken og sucralose i et stort, lavt fad og pisk, indtil det er helt opløst. Pisk æggehvider, æg, mandelekstrakt og salt i. Dyp begge sider af brødskiverne i 3 minutter i æggeblandingen eller indtil de er helt gennemblødte. Drys begge sider med skivede mandler og tryk godt til for at klæbe.

Pensl slip-let-gryden med madlavningsspray og stil den over medium-høj varme. Steg brødskiverne på bageplade i 2 til 3 minutter på begge sider, eller indtil det bliver lysebrunt. Server toppet med ferskenkompotten.

Ernæring (for 100g):277 Kalorier 7g Fedt 31g Kulhydrater 12g Protein 665mg Natrium

Blandede bær havregryn med sød vaniljecreme

Forberedelsestid: 5 minutter

Madlavningstid: 5 minutter

Portioner: 4

Sværhedsgrad: Let

Ingredienser:

- 2 kopper vand
- 1 kop hurtigkogt havre
- 1 spiseskefuld sucralose-baseret sukkererstatning
- 1/2 tsk stødt kanel
- 1/8 tsk salt
- Fløde
- 3/4 kop fedtfri halv-og-halv
- 3 spiseskefulde sucralose-baseret sukkererstatning
- 1/2 tsk vaniljeekstrakt
- 1/2 tsk mandelekstrakt
- Toppings
- 1 1/2 kop friske blåbær
- 1/2 kop friske eller frosne og optøede hindbær

Rutevejledning:

Kog vand ved høj varme og rør havregryn i. Reducer varmen til medium, mens du koger havre uden låg i 2 minutter, eller indtil den er tyk. Fjern fra varmen og rør sukkererstatning, salt og kanel i. I en mellemstor skål, inkorporer alle ingredienserne til cremen, indtil de er godt blandet. Hæld kogt havregryn i 4 lige store portioner og hæld den søde fløde over. Top med bærrene og server.

Ernæring (for 100g):150 kalorier 5 g fedt 30 g kulhydrater 5 g protein 807 mg natrium

Choko-jordbær crepe

Forberedelsestid: 5 minutter

Madlavningstid: 10 minutter

Portioner: 4

Sværhedsgrad: Let

Ingredienser:

- 1 kop universal hvedemel
- 2/3 kop fedtfattig (1%) mælk
- 2 æggehvider
- 1 æg
- 3 spsk sukker
- 3 spiseskefulde usødet kakaopulver
- 1 spsk afkølet smeltet smør
- 1/2 tsk salt
- 2 teskefulde rapsolie
- 3 spiseskefulde jordbær frugtpålæg
- 3 1/2 kopper skåret optøet frosne eller friske jordbær
- 1/2 kop fedtfri optøet frossen pisket topping
- Friske mynteblade (hvis det ønskes)

Rutevejledning:

Inkorporer de første otte ingredienser i en stor skål, indtil den er glat og grundigt blandet.

Pensl ¼-tsk olie på en lille størrelse non-stick stegepande over medium varme. Hæld ¼ kop af dejen på midten og drej rundt for at dække panden med dej.

Kog i et minut eller indtil crêpe bliver kedelig og kanterne tørre. Vend på den anden side og steg i yderligere et halvt minut. Gentag processen med den resterende blanding og olie.

Hæld ¼ kop optøede jordbær i midten af crepen og fyld op til fyldet. Top med 2 spsk flødeskum og pynt med mynte inden servering.

Ernæring (for 100g):334 Kalorier 5g Fedt 58g Kulhydrater 10g Protein 678mg Natrium

Ingen skorpe asparges-skinkequiche

Forberedelsestid: 5 minutter

Madlavningstid: 42 minutter

Portioner: 6

Sværhedsgrad: Let

Ingredienser:

- 2 kopper 1/2-tommer skåret asparges
- 1 rød hakket peberfrugt
- 1 kop mælk, fedtfattigt (1%)
- 2 spiseskefulde hvedemel til alle formål
- 4 æggehvider
- 1 æg, hele
- 1 kop kogt hakket deli skinke
- 2 spsk frisk hakket estragon eller basilikum
- 1/2 tsk salt (valgfrit)
- 1/4 tsk sort peber
- 1/2 kop schweizerost, fintrevet

Rutevejledning:

Forvarm din ovn til 350 grader F. Mikroovn peberfrugt og asparges i en spiseskefuld vand på HIGH i 2 minutter. Dræne. Pisk mel og mælk, og tilsæt derefter æg og æggehvider, indtil det er godt blandet. Rør grøntsagerne og de resterende ingredienser i, undtagen osten.

Hæld i en 9-tommer størrelse tærtefad og bag i 35 minutter. Drys ost over quichen og bag yderligere 5 minutter, eller indtil osten smelter. Lad den køle af i 5 minutter og skær den derefter i 6 skiver til servering.

Ernæring (for 100g):138 kalorier 1g fedt 8g kulhydrater 13g protein 588mg natrium

Æbleost Scones

Forberedelsestid: 20 minutter

Madlavningstid: 15 minutter

Portioner: 10

Sværhedsgrad: Gennemsnitlig

Ingredienser:

- 1 kop universalmel
- 1 kop fuldkornshvedemel, hvidt
- 3 spsk sukker
- 1 1/2 tsk bagepulver
- 1/2 tsk salt
- 1/2 tsk stødt kanel
- 1/4 tsk bagepulver
- 1 Granny Smith æble i tern
- 1/2 kop revet skarp cheddarost
- 1/3 kop æblemos, naturlig eller usødet
- 1/4 kop mælk, fedtfri (skummet)
- 3 spiseskefulde smeltet smør
- 1 æg

Rutevejledning:

Forbered din ovn til 425 grader F. Klargør bagepladen ved at beklæde med bagepapir. Bland alle tørre ingredienser i en skål og bland. Rør ost og æble i. Sæt til side. Pisk alle de våde ingredienser sammen. Hæld den tørre blanding over, indtil den er blandet og bliver som en klistret dej.

Arbejd på dejen på en meldrysset overflade cirka 5 gange. Klap og stræk derefter ind i en 8-tommer cirkel. Skær i 10 diagonale snit.

Læg på bagepladen og spray toppen med madlavningsspray. Bages i 15 minutter eller indtil de er let gyldne. Tjene.

Ernæring (for 100g):169 Kalorier 2g Fedt 26g Kulhydrater 5g Protein 689mg Natrium

Bacon og Æg Wrap

Forberedelsestid: 15 minutter

Madlavningstid: 15 minutter

Portioner: 4

Sværhedsgrad: Let

Ingredienser:

- 1 kop æg-erstatning, kolesterolfri
- 1/4 kop parmesanost, revet
- 2 skiver canadisk bacon i tern
- 1/2 tsk rød varm pebersauce
- 1/4 tsk sort peber
- 4x7-tommer fuldkornstortillas
- 1 kop babyspinatblade

Rutevejledning:

Forvarm din ovn til 325 grader F. Kombiner de første fem ingredienser for at lave fyldet. Hæld blandingen i et 9-tommers glasfad sprøjtet med madlavningsspray med smørsmag.

Bages i 15 minutter eller indtil ægget sætter sig. Fjern fra ovnen. Stil tortillaerne i ovnen i et minut. Skær den bagte æggeblanding i kvarte. Arranger en fjerdedel i midten af hver tortillas og top med ¼ kop spinat. Fold tortilla fra bunden til midten og derefter begge sider til midten for at omslutte. Server straks.

Ernæring (for 100g):195 kalorier 3g fedt 20g kulhydrater 15g protein 688mg natrium

Orange-blåbær muffin

Forberedelsestid: 10 minutter

Madlavningstid: 10-25 minutter

Portioner: 12

Sværhedsgrad: Gennemsnitlig

Ingredienser:

- 1 3/4 kopper universalmel
- 1/3 kop sukker
- 2 1/2 tsk bagepulver
- 1/2 tsk bagepulver
- 1/2 tsk salt
- 1/2 tsk stødt kanel
- 3/4 kop mælk, fedtfri (skummet)
- 1/4 kop smør
- 1 æg, stort, let pisket
- 3 spsk optøet appelsinjuice koncentrat
- 1 tsk vanilje
- 3/4 kop friske blåbær

Rutevejledning:

Klargør din ovn til 400 grader F. Følg trin 2 til 5 af Boghvede Æble-Rosin Muffin Fyld muffinkopperne ¾-fulde af blandingen og bag i 20 til 25 minutter. Lad det afkøle 5 minutter og server lunt.

Ernæring (for 100g):149 Kalorier 5g Fedt 24g Kulhydrater 3g Protein 518mg Natrium

14. Bagt ingefær havregryn med pæretopping

Forberedelsestid: 10 minutter

Madlavningstid: 15 minutter

Portioner: 2

Sværhedsgrad: Let

Ingredienser:

- 1 kop gammeldags havre
- 3/4 kop mælk, fedtfri (skummet)
- 1 æggehvide
- 1 1/2 tsk revet ingefær, frisk eller 3/4 tsk malet ingefær
- 2 spsk brun farin, delt
- 1/2 moden pære i tern

Rutevejledning:

Spray 2x6 ounce ramekins med en non-stick madlavningsspray. Forbered ovnen til 350 grader F. Kombiner de første fire ingredienser og en spiseskefuld sukker og bland det godt. Hæld jævnt mellem de 2 ramekins. Top med pæreskiver og den resterende spiseskefuld sukker. Bages i 15 minutter. Serveres varm.

Ernæring (for 100g):268 Kalorier 5g fedt 2g Kulhydrater 10g Protein 779mg Natrium

Veggie-omelet i græsk stil

Forberedelsestid: 10 minutter

Madlavningstid: 20 minutter

Portioner: 2

Sværhedsgrad: Let

Ingredienser:

- 4 store æg
- 2 spsk fedtfri mælk
- 1/8 tsk salt
- 3 teskefulde olivenolie, delt
- 2 kopper baby Portobello, skåret i skiver
- 1/4 kop finthakket løg
- 1 kop frisk babyspinat
- 3 spsk fetaost, smuldret
- 2 spsk modne oliven, skåret i skiver
- Friskkværnet peber

Rutevejledning:

Pisk de første tre ingredienser sammen. Rør 2 spsk olie i en slip-let stegepande over medium-høj varme. Svits løg og champignon i 5-6 minutter eller indtil de er gyldenbrune. Bland spinaten i og kog. Fjern blandingen fra panden.

Brug den samme pande til at opvarme den resterende olie ved middel-lav varme. Hæld din æggeblanding og når den begynder at stivne, skubbes kanterne mod midten for at lade den ukogte blanding flyde nedenunder. Når æggene stivner, skubbes grøntsagsblandingen på den ene side. Drys med oliven og feta og fold den anden side for at lukke. Skær i halve og drys med peber til servering.

Ernæring (for 100g):271 Kalorier 2g Fedt 7g Kulhydrater 18g Protein 648mg Natrium

Sommer smoothie

Forberedelsestid: 8 minutter

Madlavningstid: 0 minutter

Portioner: 2

Sværhedsgrad: Let

Ingredienser:

- 1/2 banan, skrællet
- 2 kopper jordbær, halveret
- 3 spiseskefulde mynte, hakket
- 1 1/2 kopper kokosvand
- 1/2 avocado, udstenet og skrællet
- 1 daddel, hakket
- Isterninger efter behov

Rutevejledning:

Kom det hele i en blender, og kør til det er glat. Tilsæt isterninger for at tykne, og server afkølet.

Ernæring (for 100g):360 kalorier 12 g fedt 5 g kulhydrater 31 g protein 737 mg natrium

Skinke & Æg Pitas

Forberedelsestid: 5 minutter

Madlavningstid: 15 minutter

Portioner: 4

Sværhedsgrad: Let

Ingredienser:

- 6 æg
- 2 skalotteløg, hakkede
- 1 tsk olivenolie
- 1/3 kop røget skinke, hakket
- 1/3 kop sød grøn peber, hakket
- 1/4 kop Brie ost
- Havsalt og sort peber efter smag
- 4 salatblade
- 2 pitabrød, fuld hvede

Rutevejledning:

Varm olivenolien op i en pande ved middel varme. Tilsæt dine skalotteløg og grøn peber, lad dem stege i fem minutter under jævnlig omrøring.

Tag en skål frem og pisk dine æg, drys salt og peber i. Sørg for, at dine æg er godt pisket. Kom æggene i gryden, og bland derefter skinke og ost i. Rør godt rundt, og kog indtil din blanding tykner. Del pitaerne i to, og åbn lommerne. Fordel en teskefuld sennep i hver lomme, og kom et salatblad i hver enkelt. Fordel æggeblandingen i hver enkelt og server.

Ernæring (for 100g):610 kalorier 21 g fedt 10 g kulhydrater 41 g protein 807 mg natrium

Morgenmad Couscous

Forberedelsestid: 5 minutter

Madlavningstid: 15 minutter

Portioner: 4

Sværhedsgrad: Gennemsnitlig

Ingredienser:

- 3 kopper mælk, lavt fedtindhold
- 1 kanelstang
- 1/2 kop abrikoser, tørrede og hakkede
- 1/4 kop ribs, tørret
- 1 kop Couscous, ukogt
- Knib havsalt, fint
- 4 teskefulde smør, smeltet
- 6 teskefulde brunt sukker

Rutevejledning:

Varm en pande op med mælk og kanel ved middel-høj varme. Kog i tre minutter, før du tager gryden af varmen.

Tilsæt dine abrikoser, couscous, salt, ribs og sukker. Rør godt rundt, og dæk derefter til. Lad det stå til siden, og lad det sidde i femten minutter.

Smid kanelstangen ud, og del mellem skålene. Drys med brun farin inden servering.

Ernæring (for 100g):520 kalorier 28 g fedt 10 g kulhydrater 39 g protein 619 mg natrium

Fersken morgenmadssalat

Forberedelsestid: 10 minutter

Madlavningstid: 0 minutter

Portioner: 1

Sværhedsgrad: Let

Ingredienser:

- 1/4 kop valnødder, hakket og ristet
- 1 tsk honning, rå
- 1 fersken, udstenet og skåret
- 1/2 kop hytteost, fedtfri og stuetemperatur
- 1 spiseskefuld mynte, frisk og hakket
- 1 citron, Zested

Rutevejledning:

Læg din hytteost i en skål, og top med ferskenskiver og valnødder. Dryp med honning, og top med mynte.

Drys citronskal på inden servering med det samme.

Ernæring (for 100g):280 kalorier 11 g fedt 19 g kulhydrater 39 g protein 527 mg natrium

Velsmagende havre

Forberedelsestid: 10 minutter

Madlavningstid: 10 minutter

Portioner: 2

Sværhedsgrad: Let

Ingredienser:

- 1/2 kop stålskåret havre
- 1 kop vand
- 1 tomat, stor og hakket
- 1 agurk, hakket
- 1 spiseskefuld olivenolie
- Havsalt og sort peber efter smag
- Fladbladpersille, hakket til pynt
- Parmesanost, fedtfattig & friskrevet

Rutevejledning:

Bring din havre og en kop vand i kog ved hjælp af en gryde ved høj varme. Rør ofte, indtil vandet er fuldstændig absorberet, hvilket vil tage cirka femten minutter. Fordel mellem to skåle, og top med tomater og agurk. Dryp med olivenolie og top med parmesan. Pynt med persille inden servering.

Ernæring (for 100g):408 kalorier 13 g fedt 10 g kulhydrater 28 g protein 825 mg natrium

Tahini og æbletoast

Forberedelsestid: 15 minutter

Madlavningstid: 0 minutter

Portioner: 1

Sværhedsgrad: Let

Ingredienser:

- 2 spiseskefulde Tahini
- 2 skiver fuldkornsbrød, ristet
- 1 tsk honning, rå
- 1 æble, lille, kernehus og tynde skiver

Rutevejledning:

Start med at fordele tahinen over din toast, og læg derefter dine æbler over den. dryp med honning inden servering.

Ernæring (for 100g):366 kalorier 13 g fedt 9 g kulhydrater 29 g protein 686 mg natrium

Rørte basilikumæg

Forberedelsestid: 5 minutter

Madlavningstid: 10 minutter

Portioner: 2

Sværhedsgrad: Let

Ingredienser:

- 4 æg, store
- 2 spsk frisk basilikum, finthakket
- 2 spsk Gruyere ost, revet
- 1 spiseskefuld fløde
- 1 spiseskefuld olivenolie
- 2 fed hvidløg, hakket
- Havsalt og sort peber efter smag

Rutevejledning:

Tag en stor skål frem og pisk basilikum, ost, fløde og æg sammen. Pisk indtil det er godt blandet. Tag en stor stegepande frem over middel-lav varme, og varm din olie op. Tilsæt dine hvidløg, kog i et minut. Den skal blive gylden.

Hæld æggeblandingen i din stegepande over hvidløgene, og fortsæt derefter med at røre, mens de koger, så de bliver bløde og luftige. Krydr det godt og server lunt.

Ernæring (for 100g):360 kalorier 14 g fedt 8 g kulhydrater 29 g protein 545 mg natrium

Græske kartofler og æg

Forberedelsestid: 10 minutter

Madlavningstid: 30 minutter

Portioner: 2

Sværhedsgrad: Let

Ingredienser:

- 3 tomater, kernet og hakket groft
- 2 spsk basilikum, frisk og hakket
- 1 fed hvidløg, hakket
- 2 spsk + ½ kop olivenolie, delt
- havsalt og sort peber efter smag
- 3 rødbrune kartofler, store
- 4 æg, store
- 1 tsk oregano, frisk og hakket

Rutevejledning:

Hent foodprocessoren og læg dine tomater i, puré dem med skindet på.

Tilsæt hvidløg, to spiseskefulde olie, salt, peber og basilikum. Puls indtil det er godt blandet. Placer denne blanding i en stegepande, mens den er tildækket i tyve til femogtyve minutter ved lav varme. Din sauce skal være fortykket og boblende.

Skær dine kartofler i tern, og læg dem derefter i en stegepande med en ½ kop olivenolie i en stegepande ved middel-lav varme.

Steg dine kartofler, indtil de er sprøde og brune. Dette bør tage fem minutter, og dæk derefter stegepanden, og reducer varmen til lav. Damp dem til dine kartofler er færdige.

Rør æggene i tomatsaucen, og kog ved svag varme i seks minutter. Dine æg skal sættes.

Fjern kartoflerne fra din gryde, og afdryp dem med køkkenrulle. Læg dem i en skål. Drys salt, peber og oregano i, og server derefter dine æg med kartofler. Dryp din sauce over blandingen, og server varm.

Ernæring (for 100g):348 kalorier 12 g fedt 7 g kulhydrater 27 g protein 469 mg natrium

Avocado & honning smoothie

Forberedelsestid: 5 minutter

Madlavningstid: 0 minutter

Portioner: 2

Sværhedsgrad: Let

Ingredienser:

- 1 1/2 dl sojamælk
- 1 avocado, stor
- 2 spsk honning, rå

Rutevejledning:

Bland alle ingredienser sammen og blend, indtil det er glat, og server straks.

Ernæring (for 100g):280 kalorier 19 g fedt 11 g kulhydrater 30 g protein 547 mg natrium

Frittata af grøntsager

Forberedelsestid: 5 minutter

Madlavningstid: 10 minutter

Portioner: 2

Sværhedsgrad: Let

Ingredienser:

- 1/2 babyaubergine, skrællet og skåret i tern
- 1 håndfuld babyspinatblade
- 1 spsk olivenolie
- 3 æg, store
- 1 tsk mandelmælk
- 1-ounce gedeost, smuldret
- 1/4 lille rød peberfrugt, hakket
- havsalt og sort peber efter smag

Rutevejledning:

Start med at varme slagtekyllingen på din ovn, og pisk derefter æggene sammen med mandelmælk. Sørg for, at det er godt blandet, og tag derefter en nonstick, ovnfast stegepande ud. Stil det over medium-høj varme, og tilsæt derefter din olivenolie.

Når din olie er opvarmet, tilsæt dine æg. Fordel din spinat over denne blanding i et jævnt lag, og top med resten af dine grøntsager.

Reducer din varme til medium, og drys med salt og peber. Lad dine grøntsager og æg koge i fem minutter. Den nederste halvdel af dine æg skal være fast, og dine grøntsager skal være møre. Top med gedeost, og steg derefter på den midterste rille i tre til fem minutter. Dine æg skal være færdige, og din ost skal være smeltet. Skær i tern og server varm.

Ernæring (for 100g):340 kalorier 16 g fedt 9 g kulhydrater 37 g protein 748 mg natrium

Mini salat wraps

Forberedelsestid: 15 minutter

Madlavningstid: 0 minutter

Portioner: 4

Sværhedsgrad: Let

Ingredienser:

- 1 agurk, i tern
- 1 rødløg, skåret i skiver
- 1-ounce fetaost, fedtfattig og smuldret
- 1 citron, saftet
- 1 tomat, i tern
- 1 spsk olivenolie
- 12 små icebergsalatblade
- havsalt og sort peber efter smag

Rutevejledning:

Kombiner din tomat, løg, feta og agurk i en skål. Bland din olie og juice, og smag til med salt og peber.

Fyld hvert blad med grøntsagsblandingen, og rul dem stramt. Brug en tandstik til at holde dem sammen til servering.

Ernæring (for 100g):291 kalorier 10 g fedt 9 g kulhydrater 27 g protein 655 mg natrium

Karry æble couscous

Forberedelsestid: 20 minutter

Madlavningstid: 5 minutter

Portioner: 4

Sværhedsgrad: Gennemsnitlig

Ingredienser:

- 2 tsk olivenolie
- 2 porrer, kun hvide dele, skåret i skiver
- 1 æble i tern
- 2 spsk karrypulver
- 2 kopper couscous, kogt & fuld hvede
- 1/2 kop pekannødder, hakkede

Rutevejledning:

Varm din olie i en stegepande ved hjælp af medium varme. Tilsæt porrerne, og kog indtil de er møre, hvilket vil tage fem minutter. Tilsæt dit æble, og kog indtil det er blødt.

Tilsæt karry og couscous, og rør godt rundt. Fjern fra varmen, og bland dine nødder i inden servering med det samme.

Ernæring (for 100g):330 kalorier 12 g fedt 8 g kulhydrater 30 g protein 824 mg natrium

Lamme- og grøntsagsbag

Forberedelsestid: 20 minutter

Madlavningstid: 1 time og 10 minutter

Portioner: 8

Sværhedsgrad: Gennemsnitlig

Ingredienser:

- 1/4 kop olivenolie
- 1 lb. magert lam, udbenet og skåret i ½ tomme stykker
- 2 røde kartofler, store, skrubbede og i tern
- 1 løg, hakket groft
- 2 fed hvidløg, hakket
- 28 ounce tomater i tern med væske, dåse og uden salt
- 2 zucchinier, skåret i ½ tomme skiver
- 1 rød peberfrugt, frøet og skåret i 1-tommers terninger
- 2 spsk fladbladpersille, hakket
- 1 spsk paprika
- 1 tsk timian
- 1/2 tsk kanel
- 1/2 kop rødvin
- havsalt og sort peber efter smag

Rutevejledning:

Start med at tænde ovnen på 325, og tag derefter en stor grydegryde ud. Placer den over medium-høj varme for at opvarme din olivenolie. Når din olie er varm, rør i dit lam, brun kødet. Rør jævnligt for at undgå at det løber, og læg derefter dit lam i en ovnfast fad. Kog dine hvidløg, løg og kartofler i gryden, indtil de er møre, hvilket burde tage fem til seks minutter mere. Læg dem også i bageformen. Hæld zucchini, peber og tomater i gryden med dine urter og krydderier. Lad det simre i ti minutter mere, før du hælder det i din bageform. Hæld vin og pebersauce i. Tilsæt din tomat, og dæk derefter med folie. Bages i en time. Tag låget af de sidste femten minutter af bagningen, og juster krydderier efter behov.

Ernæring (for 100g):240 kalorier 14 g fedt 8 g kulhydrater 36 g protein 427 mg natrium

Urteflynder

Forberedelsestid: 20 minutter

Madlavningstid: 1 time og 5 minutter

Portioner: 4

Sværhedsgrad: Gennemsnitlig

Ingredienser:

- 1/2 kop fladbladet persille, let pakket
- 1/4 kop olivenolie
- 4 fed hvidløg, pillet og halveret
- 2 spsk rosmarin, frisk
- 2 spsk timianblade, friske
- 2 spsk salvie, frisk
- 2 spsk citronskal, frisk
- 4 skrubberfileter
- havsalt og sort peber efter smag

Rutevejledning:

Gør din ovn klar til 350 grader, og kom derefter alle ingredienserne undtagen skrubberen i processoren. Blend indtil det dannes ved hickpasta. Læg dine fileter på en bageplade, og pensl dem ned med pastaen. Lad dem køle af i køleskabet i en time. Bages i ti minutter. Smag til og server varm.

Ernæring (for 100g):307 kalorier 11 g fedt 7 g kulhydrater 34 g protein 824 mg natrium

Blomkål Quinoa

Forberedelsestid: 15 minutter

Madlavningstid: 10 minutter

Portioner: 4

Sværhedsgrad: Let

Ingredienser:

- 1 1/2 dl quinoa, kogt
- 3 spsk olivenolie
- 3 kopper blomkålsbuketter
- 2 forårsløg, hakket
- 1 spsk rødvinseddike
- havsalt og sort peber efter smag
- 1 spsk rødvinseddike
- 1 spsk purløg, hakket
- 1 spsk persille, hakket

Rutevejledning:

Start med at varme en pande op over medium-høj varme. Tilsæt din olie. Når din olie er varm, tilsæt dine forårsløg og steg i cirka to minutter. Tilsæt din quinoa og blomkål, og tilsæt derefter resten af ingredienserne. Bland godt, og dæk til. Kog i ni minutter ved middel varme, og del mellem tallerkenerne til servering.

Ernæring (for 100g):290 kalorier 14 g fedt 9 g kulhydrater 26 g protein 656 mg natrium

Mango pære smoothie

Forberedelsestid: 5 minutter

Madlavningstid: 0 minutter

Portioner: 1

Sværhedsgrad: Let

Ingredienser:

- 2 isterninger
- ½ kop græsk yoghurt, almindelig
- ½ mango, skrællet, udstenet og hakket
- 1 kop grønkål, hakket
- 1 pære, moden, udkernet og hakket

Rutevejledning:

Blend sammen til det er tykt og glat. Serveres afkølet.

Ernæring (for 100g):350 kalorier 12 g fedt 9 g kulhydrater 40 g protein 457 mg natrium

Spinat omelet

Forberedelsestid: 10 minutter

Madlavningstid: 20 minutter

Portioner: 4

Sværhedsgrad: Let

Ingredienser:

- 3 spsk olivenolie
- 1 løg, småt og hakket
- 1 fed hvidløg, hakket
- 4 tomater, store, udkernede og hakkede
- 1 tsk havsalt, fint
- 8 æg, pisket
- ¼ tsk sort peber
- 2 ounces fetaost, smuldret
- 1 spsk flad bladpersille, frisk og hakket

Rutevejledning:

Forvarm ovnen til 400 grader, og hæld olivenolie i en ovnfast gryde. Stil din stegepande over høj varme, tilsæt dine løg. Kog i fem til syv minutter. Dine løg skal blive bløde.

Tilsæt dine tomater, salt, peber og hvidløg. Lad det simre i yderligere fem minutter, og fyld dine sammenpiskede æg i. Bland let og kog i tre til fem minutter. De skal sætte sig i bunden. Sæt gryden i ovnen, bag i fem minutter mere. Tag den ud af ovnen, topping med persille og feta. Serveres varm.

Ernæring (for 100g):280 kalorier 19 g fedt 10 g kulhydrater 31 g protein 625 mg natrium

Mandel pandekager

Forberedelsestid: 15 minutter

Madlavningstid: 15 minutter

Portioner: 6

Sværhedsgrad: Let

Ingredienser:

- 2 kopper mandelmælk, usødet og stuetemperatur
- 2 æg, store og stuetemperatur
- ½ kop kokosolie, smeltet + mere til smøring
- 2 tsk honning, rå
- ¼ tsk havsalt, fint
- ½ tsk bagepulver
- 1½ dl fuldkornshvedemel
- ½ kop mandelmel
- 1½ tsk bagepulver
- ¼ tsk kanel, stødt

Rutevejledning:

Tag en stor skål frem og pisk din kokosolie, æg, mandelmælk og honning, blend indtil det er blandet godt.

Tag en mellemstor skål ud og sigt dit bagepulver, natron, mandelmel, havsalt, fuldkornshvedemel og kanel sammen. Bland godt.

Tilsæt din melblanding til din mælkeblanding, og pisk godt.

Tag en stor stegepande frem og smør den med din kokosolie, inden du sætter den over medium-høj varme. Tilsæt din pandekagedej i ½ kop mål.

Kog i tre minutter eller indtil kanterne er faste. Bunden af din pandekage skal være gylden, og bobler skal bryde overfladen. Kog begge sider.

Tør din stegepande af, og gentag, indtil al din dej er brugt. Sørg for at smøre din stegepande igen, og top med frisk frugt, hvis det ønskes.

Ernæring (for 100g):205 kalorier 16 g fedt 9 g kulhydrater 36 g protein 828 mg natrium

Quinoa frugtsalat

Forberedelsestid: 25 minutter

Madlavningstid: 0 minutter

Portioner: 4

Sværhedsgrad: Let

Ingredienser:

- 2 spsk honning, rå
- 1 kop jordbær, friske og skåret i skiver
- 2 spsk limesaft, frisk
- 1 tsk basilikum, frisk og hakket
- 1 kop quinoa, kogt
- 1 mango, skrællet, udstenet og skåret i tern
- 1 kop brombær, friske
- 1 fersken, udstenet og skåret i tern
- 2 kiwi, skrællet og delt i kvarte

Rutevejledning:

Start med at blande din limesaft, basilikum og honning sammen i en lille skål. Bland dine jordbær, quinoa, brombær, fersken, kiwi og mango i en anden skål. Tilsæt din honningblanding, og vend til belægning inden servering.

Ernæring (for 100g):159 kalorier 12 g fedt 9 g kulhydrater 29 g protein 829 mg natrium

Jordbær Rabarber Smoothie

Forberedelsestid: 8 minutter

Madlavningstid: 0 minutter

Portioner: 1

Sværhedsgrad: Let

Ingredienser:

- 1 kop jordbær, friske og skåret i skiver
- 1 rabarberstilk, hakket
- 2 spsk honning, rå
- 3 isterninger
- 1/8 tsk stødt kanel
- ½ kop græsk yoghurt, almindelig

Rutevejledning:

Start med at tage en lille gryde frem og fyld den med vand. Sæt det over høj varme for at bringe det i kog, og tilsæt derefter dine rabarber. Kog i tre minutter, før den drænes og overføres til en blender.

Tilsæt yoghurt, honning, kanel og jordbær i din blender. Når den er glat, røres din is i. Blend indtil der ikke er klumper og det er tykt. Nyd kulden.

Ernæring (for 100g):201 kalorier 11 g fedt 9 g kulhydrater 39 g protein 657 mg natrium

Byggrød

Forberedelsestid: 10 minutter

Madlavningstid: 20 minutter

Portioner: 4

Sværhedsgrad: Let

Ingredienser:

- 1 kop hvedebær
- 1 kop byg
- 2 kopper mandelmælk, usødet + mere til servering
- ½ kop blåbær
- ½ kop granatæblekerner
- 2 kopper vand
- ½ kop hasselnødder, ristede og hakkede
- ¼ kop honning, rå

Rutevejledning:

Tag en gryde frem, sæt den over medium-høj varme, og tilsæt derefter din mandelmælk, vand, byg og hvedebær. Lad det koge, inden du sænker varmen, og lad det simre i femogtyve minutter. Rør ofte. Dine korn skal blive møre.

Top hver servering med blåbær, granatæblekerner, hasselnødder, en spiseskefuld honning og et stænk mandelmælk.

Ernæring (for 100g):150 kalorier 10 g fedt 9 g kulhydrater 29 g protein 546 mg natrium

Honningkager & Græskar Smoothie

Forberedelsestid: 15 minutter

Madlavningstid: 50 minutter

Portioner: 1

Sværhedsgrad: Let

Ingredienser:

- 1 kop mandelmælk, usødet
- 2 tsk chiafrø
- 1 banan
- ½ kop græskarpuré, dåse
- ¼ tsk ingefær, stødt
- ¼ tsk kanel, stødt
- 1/8 tsk muskatnød, stødt

Rutevejledning:

Start med at tage en skål frem og bland dine chai frø og mandelmælk. Lad dem trække i mindst en time, men du kan trække dem natten over. Overfør dem til en blender.

Tilsæt de resterende ingredienser, og blend derefter, indtil det er glat. Serveres afkølet.

Ernæring (for 100g):250 kalorier 13 g fedt 7 g kulhydrater 26 g protein 621 mg natrium

Grøn Juice

Forberedelsestid: 5 minutter

Madlavningstid: 0 minutter

Portioner: 1

Sværhedsgrad: Let

Ingredienser:

- 3 kopper mørke bladgrøntsager
- 1 agurk
- ¼ kop friske italienske persilleblade
- ¼ ananas, skåret i tern
- ½ grønt æble
- ½ appelsin
- ½ citron
- Knib revet frisk ingefær

Rutevejledning:

Brug en juicer til at køre grønt, agurk, persille, ananas, æble, appelsin, citron og ingefær igennem, hæld det i en stor kop og server.

Ernæring (for 100g):200 kalorier 14 g fedt 6 g kulhydrater 27 g protein 541 mg natrium

Smoothie med valnød og dadler

Forberedelsestid: 10 minutter

Madlavningstid: 0 minutter

Portioner: 2

Sværhedsgrad: Let

Ingredienser:

- 4 dadler, udstenede
- ½ kop mælk
- 2 kopper græsk yoghurt, almindelig
- 1/2 kop valnødder
- ½ tsk kanel, stødt
- ½ tsk vaniljeekstrakt, ren
- 2-3 isterninger

Rutevejledning:

Blend alt sammen, indtil det er glat, og server derefter afkølet.

Ernæring (for 100g):109 kalorier 11 g fedt 7 g kulhydrater 29 g protein 732 mg natrium

Frugt Smoothie

Forberedelsestid: 5 minutter

Madlavningstid: 0 minutter

Portioner: 2

Sværhedsgrad: Let

Ingredienser:

- 2 kopper blåbær
- 2 kopper usødet mandelmælk
- 1 kop knust is
- ½ tsk malet ingefær

Rutevejledning:

Kom blåbær, mandelmælk, is og ingefær i en blender. Bearbejd indtil glat.

Ernæring (for 100g):115 kalorier 10 g fedt 5 g kulhydrater 27 g protein 912 mg natrium

Chokolade Banan Smoothie

Forberedelsestid: 5 minutter

Madlavningstid: 0 minutter

Portioner: 2

Sværhedsgrad: Let

Ingredienser:

- 2 bananer, skrællede
- 1 kop skummetmælk
- 1 kop knust is
- 3 spsk usødet kakaopulver
- 3 spsk honning

Rutevejledning:

I en blender blandes bananer, mandelmælk, is, kakaopulver og honning. Blend indtil glat.

Ernæring (for 100g):150 kalorier 18 g fedt 6 g kulhydrater 30 g protein 821 mg natrium

Yoghurt med blåbær, honning og mynte

Forberedelsestid: 5 minutter

Madlavningstid: 0 minutter

Portioner: 2

Sværhedsgrad: Let

Ingredienser:

- 2 kopper usødet, fedtfri almindelig græsk yoghurt
- 1 kop blåbær
- 3 spsk honning
- 2 spsk friske mynteblade, hakket

Rutevejledning:

Fordel yoghurten mellem 2 små skåle. Top med blåbær, honning og mynte.

Ernæring (for 100g):126 kalorier 12 g fedt 8 g kulhydrater 37 g protein 932 mg natrium

Bær og yoghurt parfait

Forberedelsestid: 5 minutter

Madlavningstid: 0 minutter

Portioner: 2

Sværhedsgrad: Let

Ingredienser:

- 1 kop hindbær
- 1½ kopper usødet, fedtfri almindelig græsk yoghurt
- 1 kop brombær
- ¼ kop hakkede valnødder

Rutevejledning:

I 2 skåle, lag hindbær, yoghurt og brombær. Drys med valnødderne.

Ernæring (for 100g):119 kalorier 13 g fedt 7 g kulhydrater 28 g protein 732 mg natrium

Havregryn med bær og solsikkefrø

Forberedelsestid: 5 minutter

Madlavningstid: 10 minutter

Portioner: 4

Sværhedsgrad: Let

Ingredienser:

- 1¾ kopper vand
- ½ kop usødet mandelmælk
- Knib havsalt
- 1 kop gammeldags havre
- ½ kop blåbær
- ½ kop hindbær
- ¼ kop solsikkekerner

Rutevejledning:

Kog vand med mandelmælk og havsalt i en mellemstor gryde ved middelhøj varme.

Rør havren i. Sænk varmen til medium-lav og fortsæt med at røre og kog i 5 minutter. Dæk til, og lad havregrynene stå i 2 minutter mere. Rør rundt og server toppet med blåbær, hindbær og solsikkekerner.

Ernæring (for 100g):106 kalorier 9g fedt 8g kulhydrater 29g protein 823mg natrium

Mandel og ahorn hurtige gryn

Forberedelsestid: 5 minutter

Madlavningstid: 10 minutter

Portioner: 4

Sværhedsgrad: Let

Ingredienser:

- 1½ dl vand
- ½ kop usødet mandelmælk
- Knib havsalt
- ½ kop hurtigkogte gryn
- ½ tsk stødt kanel
- ¼ kop ren ahornsirup
- ¼ kop skivede mandler

Rutevejledning:

Kom vand, mandelmælk og havsalt i en mellemstor gryde over medium-høj varme og vent med at koge.

Rør løbende med en træske, tilsæt langsomt grynene. Fortsæt med at røre for at forhindre klumper og bring blandingen i langsomt kog. Reducer varmen til medium-lav. Lad det simre i et par minutter under jævnlig omrøring, indtil vandet er helt absorberet. Rør kanel, sirup og mandler i. Kog i 1 minut mere under omrøring.

Ernæring (for 100g):126 kalorier 10 g fedt 7 g kulhydrater 28 g protein 851 mg natrium

Bananhavre

Forberedelsestid: 10 minutter

Madlavningstid: 10 minutter

Portioner: 2

Sværhedsgrad: Let

Ingredienser:

- 1 banan, skrællet og skåret i skiver
- ¾ c. mandelmælk
- ½ c. koldbrygget kaffe
- 2 udstenede dadler
- 2 spsk. kakaopulver
- 1 c. havregryn
- 1½ spsk. Chia frø

Rutevejledning:

Brug en blender, tilsæt alle ingredienser. Forbered godt i 5 minutter og server.

Ernæring (for 100g):288 Kalorier 4,4 g Fedt 10 g Kulhydrater 5,9 g Protein 733 mg Natrium

Morgenmad sandwich

Forberedelsestid: 5 minutter

Madlavningstid: 20 minutter

Portioner: 4

Sværhedsgrad: Let

Ingredienser:

- 4 flerkorns sandwich tynde
- 4 tsk. olivenolie
- 4 æg
- 1 spsk. rosmarin, frisk
- 2 c. babyspinatblade, friske
- 1 tomat, skåret i skiver
- 1 spsk. af fetaost
- Knip kosher salt
- Kværnet sort peber

Rutevejledning:

Forbered ovnen ved 375 F/190 C. Pensl de tynde sider med 2 tsk. af olivenolie og sæt på en bageplade. Sæt i ovnen og rist i 5 minutter eller indtil kanterne er let brune.

Tilsæt resten af olivenolie og rosmarin i en stegepande for at varme op ved høj varme. Knæk og kom hele æg et ad gangen i gryden. Blommen skal stadig være flydende, men æggehviderne skal sættes.

Bræk blommer op med en spatel. Vend ægget og steg på den anden side, indtil det er færdigt. Fjern æg fra varmen. Placer ristede sandwich tynde på 4 separate tallerkener. Guddommelig spinat blandt tyndene.

Top hver tynd med to tomatskiver, kogt æg og 1 spsk. af fetaost. Drys let med salt og peber til smag. Placer de resterende tynde sandwich-halvdele ovenpå, og de er klar til servering.

Ernæring (for 100g):241 Kalorier 12,2g Fedt 60,2g Kulhydrater 21g Protein 855mg Natrium

Morgen couscous

Forberedelsestid: 10 minutter

Madlavningstid: 8 minutter

Portioner: 4

Sværhedsgrad: Gennemsnitlig

Ingredienser:

- 3 c. letmælk
- 1 c. fuldkorns couscous, ukogt
- 1 kanelstang
- ½ hakket abrikos, tørret
- ¼ c. ribs, tørret
- 6 tsk. brunt sukker
- ¼ tsk. salt
- 4 tsk. smeltet smør

Rutevejledning:

Tag en stor gryde og kom mælk og kanelstang sammen og varm op til medium. Varm op i 3 minutter, eller indtil der dannes mikrobobler rundt om kanterne af gryden. Må ikke koge. Fjern fra varmen, rør couscous, abrikoser, ribs, salt og 4 tsk. brunt sukker. Dæk blandingen og lad den sidde i 15 minutter. Fjern og smid kanelstangen ud. Fordel couscous i 4 skåle, og top hver med 1 tsk. smeltet smør og ½ tsk. brunt sukker. Klar til servering.

Ernæring (for 100g):306 kalorier 6g fedt 5g kulhydrater 9g protein 944mg natrium

Avocado og æble smoothie

Forberedelsestid: 5 minutter

Madlavningstid: 0 minutter

Portioner: 2

Sværhedsgrad: Let

Ingredienser:

- 3 c. spinat
- 1 udkernet grønt æble, hakket
- 1 udstenet avocado, skrællet og hakket
- 3 spsk. Chia frø
- 1 tsk. honning
- 1 frossen banan, skrællet
- 2 c. kokosmælk

Rutevejledning:

Brug din blender til at tilsætte alle ingredienserne. Forbered godt i 5 minutter for at opnå en jævn konsistens og server i glas.

Ernæring (for 100g):208 Kalorier 10,1g Fedt 6g Kulhydrater 7g Protein 924mg Natrium

Mini Frittatas

Forberedelsestid: 10 minutter

Madlavningstid: 20 minutter

Portioner: 8

Sværhedsgrad: Let

Ingredienser:

- 1 hakket gult løg
- 1 c. revet parmesan
- 1 hakket gul peberfrugt
- 1 hakket rød peberfrugt
- 1 hakket zucchini
- Salt og sort peber
- Et skvæt olivenolie
- 8 piskede æg
- 2 spsk. hakket purløg

Rutevejledning:

Sæt en pande over medium-høj varme. Tilsæt olie til opvarmning. Rør alle ingredienser i undtagen purløg og æg. Sauter i cirka 5 minutter.

Læg æggene på en muffinpande og top af purløg. Indstil ovnen til 350 F/176 C. Sæt muffinformen i ovnen for at bage i ca. 10 minutter. Anret æggene på en tallerken med sauterede grøntsager.

Ernæring (for 100g):55 kalorier 3 g fedt 0,7 g kulhydrater 9 g protein 844 mg natrium

Soltørrede tomater Havregryn

Forberedelsestid: 10 minutter

Madlavningstid: 25 minutter

Portioner: 4

Sværhedsgrad: Let

Ingredienser:

- 3 c. vand
- 1 c. mandelmælk
- 1 spsk. olivenolie
- 1 c. stålskåret havre
- ¼ c. hakkede tomater, soltørrede
- En knivspids rød peberflager

Rutevejledning:

Brug en pande, tilsæt vand og mælk for at blande. Sæt på medium varme og lad det koge op. Sæt en anden pande på medium-høj varme. Varm olie og tilsæt havre for at koge i 2 minutter. Overfør til den første gryde plus tomater og rør derefter. Lad simre i cirka 20 minutter. Sæt i serveringsskåle og top med røde peberflager. God fornøjelse.

Ernæring (for 100g):170 kalorier 17,8 g fedt 1,5 g kulhydrater 10 g protein 645 mg natrium

Morgenmadsæg på avocado

Forberedelsestid: 5 minutter

Madlavningstid: 15 minutter

Portioner: 6

Sværhedsgrad: Let

Ingredienser:

- 1 tsk. hvidløgs pulver
- ½ tsk. havsalt
- ¼ c. revet parmesanost
- ¼ tsk. sort peber
- 3 udstenede avocadoer, halveret
- 6 æg

Rutevejledning:

Klargør muffinsformene og forbered ovnen ved 350 F/176 C. Del avocadoen. For at sikre, at ægget passer ind i avocadoens hulrum, skal du skrabe 1/3 af kødet let af.

Læg avocadoen på en muffinform for at sikre, at den vender mod toppen. Krydr hver avocado jævnt med peber, salt og hvidløgspulver. Tilføj et æg på hvert avocadohulrum og pynt toppen med ost. Sæt i din ovn til at bage, indtil æggehviden er stivnet, cirka 15 minutter. Server og nyd.

Ernæring (for 100g):252 Kalorier 20g Fedt 2g Kulhydrater 5g Protein 946mg Natrium

Brekky Egg- Kartoffelhash

Forberedelsestid: 10 minutter

Madlavningstid: 25 minutter

Portioner: 2

Sværhedsgrad: Let

Ingredienser:

- 1 zucchini i tern
- ½ c. kyllingefond
- ½ lb. eller 220 g kogt kylling
- 1 spsk. olivenolie
- 4 oz. eller 113 g rejer
- Salt og sort peber
- 1 sød kartoffel i tern
- 2 æg
- ¼ tsk. cayennepeber
- 2 tsk. hvidløgs pulver
- 1 c. frisk spinat

Rutevejledning:

Tilsæt olivenolien i en stegepande. Steg rejer, kogt kylling og sød kartoffel i 2 minutter. Tilsæt cayennepeber, hvidløgspulver og rør i 4 minutter. Tilsæt zucchinien og rør i yderligere 3 minutter.

Pisk æggene i en skål og kom dem i gryden. Smag til med salt og peber. Dæk med låg. Kog i 1 minut mere og bland kyllingebouillonen i.

Dæk til og kog i yderligere 8 minutter ved høj varme. Tilsæt spinaten, vend i 2 minutter mere og server.

Ernæring (for 100g):198 Kalorier 0,7g Fedt 7g Kulhydrater 10g Protein 725mg Natrium

Basilikum og tomatsuppe

Forberedelsestid: 10 minutter

Madlavningstid: 25 minutter

Portioner: 2

Sværhedsgrad: Gennemsnitlig

Ingredienser:

- 2 spsk. grøntsagsbouillon
- 1 hakket fed hvidløg
- ½ c. hvidt løg
- 1 hakket selleri stilk
- 1 hakket gulerod
- 3 c. tomater, hakkede
- Salt og peber
- 2 laurbærblade
- 1½ c. usødet mandelmælk
- 1/3 c. basilikum blade

Rutevejledning:

Kog grøntsagsbouillonen i en stor gryde ved middel varme. Tilsæt hvidløg og løg og steg i 4 minutter. Tilsæt gulerødder og selleri. Kog i 1 minut mere.

Kom tomaterne i og bring det i kog. Lad det simre i 15 minutter. Tilsæt mandelmælk, basilikum og laurbærblade. Krydr det og server.

Ernæring (for 100g):213 Kalorier 3,9g Fedt 9g Kulhydrater 11g Protein 817mg Natrium

Butternut Squash Hummus

Forberedelsestid: 10 minutter

Madlavningstid: 15 minutter

Portioner: 4

Sværhedsgrad: Let

Ingredienser:

- 2 lbs. eller 900 g. butternut squash, skrællet
- 1 spsk. olivenolie
- ¼ c. tahini
- 2 spsk. citronsaft
- 2 hakkede fed hvidløg
- Salt og peber

Rutevejledning:

Opvarm ovnen til 300 F/148 C. Overtræk butternut squashen med olivenolie. Sæt i et ovnfad til at bage i 15 minutter i ovnen. Når squashen er kogt, kom den i en foodprocessor sammen med resten af ingredienserne.

Puls indtil glat. Server med gulerødder og selleristænger. For yderligere brug af stedet i individuelle beholdere, sæt en etiket og opbevar den i køleskabet. Tillad opvarmning ved stuetemperatur før opvarmning i mikrobølgeovnen.

Ernæring (for 100g):115 kalorier 5,8 g fedt 6,7 g kulhydrater 10 g protein 946 mg natrium

Skinke muffins

Forberedelsestid: 10 minutter

Madlavningstid: 15 minutter

Portioner: 6

Sværhedsgrad: Gennemsnitlig

Ingredienser:

- 9 skinkeskiver
- 1/3 c. hakket spinat
- ¼ c. smuldret fetaost
- ½ c. hakkede ristede røde peberfrugter
- Salt og sort peber
- 1½ spsk. basilikum pesto
- 5 piskede æg

Rutevejledning:

Smør en muffinform. Brug 1½ skinkeskiver til at beklæde hver af muffinsformene. Bortset fra sort peber, salt, pesto og æg, del resten af ingredienserne i dine skinkekopper. Brug en skål til at piske peber, salt, pesto og æg sammen. Hæld din peberblanding ovenpå. Indstil ovnen til 400 F/204 C og bag i cirka 15 minutter. Server straks.

Ernæring (for 100g):109 kalorier 6,7 g fedt 1,8 g kulhydrater 9 g protein 386 mg natrium

Farro salat

Forberedelsestid: 10 minutter

Madlavningstid: 0 minutter

Portioner: 2

Sværhedsgrad: Let

Ingredienser:

- 1 spsk. olivenolie
- Salt og sort peber
- 1 bundt babyspinat, hakket
- 1 udstenet avocado, skrællet og hakket
- 1 hakket fed hvidløg
- 2 c. kogt farro
- ½ c. cherrytomater, i tern

Rutevejledning:

Juster din varme til medium. Kom olie i en gryde og varm op. Kom resten af ingredienserne i. Kog blandingen i cirka 5 minutter. Sæt i serveringsfade og nyd.

Ernæring (for 100g):157 kalorier 13,7 g fedt 5,5 g kulhydrater 6 g protein 615 mg natrium

Tranebær og dadler firkanter

Forberedelsestid: 10 minutter

Madlavningstid: 20 minutter

Portioner: 10

Sværhedsgrad: Let

Ingredienser:

- 12 udstenede dadler, hakket
- 1 tsk. vanille ekstrakt
- ¼ c. honning
- ½ c. havregryn
- ¾ c. tørrede tranebær
- ¼ c. smeltet mandel avocadoolie
- 1 c. hakkede valnødder, ristede
- ¼ c. græskarfrø

Rutevejledning:

Brug en skål til at blande alle ingredienserne.

Beklæd et bagepapir på en bageplade. Tryk på blandingen på opsætningen. Stil i din fryser i cirka 30 minutter. Skær i 10 firkanter og nyd.

Ernæring (for 100g):263 Kalorier 13,4g Fedt 14,3g Kulhydrater 7g Protein 845mg Natrium

Linser og Cheddar Frittata

Forberedelsestid: 5 minutter

Madlavningstid: 17 minutter

Portioner: 4

Sværhedsgrad: Let

Ingredienser:

- 1 hakket rødløg
- 2 spsk. olivenolie
- 1 c. kogte søde kartofler, hakket
- ¾ c. hakket skinke
- 4 piskede æg
- ¾ c. kogte linser
- 2 spsk. græsk yoghurt
- Salt og sort peber
- ½ c. halverede cherrytomater,
- ¾ c. revet cheddarost

Rutevejledning:

Juster din varme til medium og sæt en pande på plads. Tilsæt olie til opvarmning. Rør løg i og lad det sautere i cirka 2 minutter. Bortset fra ost og æg, smid de øvrige ingredienser i og kog i 3 minutter mere. Tilsæt æggene, top med ost. Kog i 10 minutter mere under låg.

Skær frittataen i skiver, sæt den i serveringsskåle og nyd.

Ernæring (for 100g):274 Kalorier 17,3g Fedt 3,5g Kulhydrater 6g Protein 843mg Natrium

Tunsandwich

Forberedelsestid: 5 minutter

Madlavningstid: 5 minutter

Portioner: 2

Sværhedsgrad: Let

Ingredienser:

- 6 oz. eller 170 g tun på dåse, drænet og i flager
- 1 udstenet avocado, pillet og moset
- 4 skiver fuldkornsbrød
- Knip salt og sort peber
- 1 spsk. smuldret fetaost
- 1 c. baby spinat

Rutevejledning:

Brug en skål til at blande peber, salt, tun og ost. På brødskiverne påføres et smørepålæg af den mosede avocado.

Fordel ligeligt tunblandingen og spinaten på 2 af skiverne. Top med de resterende 2 skiver. Tjene.

Ernæring (for 100g):283 Kalorier 11,2g Fedt 3,4g Kulhydrater 8g Protein 754mg Natrium

Spelt salat

Forberedelsestid: 15 minutter

Madlavningstid: 30 minutter

Portioner: 4

Sværhedsgrad: Gennemsnitlig

Ingredienser:

- Salat
- 2½ kopper grøntsagsbouillon
- ¾ kop smuldret fetaost
- 1 dåse kikærter, drænet
- 1 agurk, hakket
- 1 ½ kop perlespelt
- 1 spsk olivenolie
- ½ hakket løg
- 2 kopper babyspinat, hakket
- 1 pint cherrytomater
- 1 ¼ kopper vand
- Forbinding:
- 2 spsk citronsaft
- 1 spiseskefuld honning
- ¼ kop olivenolie
- ¼ tsk oregano
- 1 knivspids rød peberflager
- ¼ teskefuld salt

- 1 spsk rødvinseddike

Rutevejledning:

Varm olien op i en gryde. Tilsæt spelt og kog i et minut. Sørg for at røre i det jævnligt under tilberedningen. Fyld vand og bouillon i, og bring derefter i kog. Skru ned for varmen og lad det simre til spelten er mør, cirka 30 minutter. Hæld vandet fra og kom spelten over i en skål.

Tilsæt spinaten og bland. Lad afkøle i cirka 20 minutter. Tilsæt agurk, løg, tomater, peberfrugt, kikærter og fetaost. Bland godt for at få en god blanding. Træd tilbage og forbered dressingen.

Bland alle ingredienserne til dressingen og bland godt, indtil det er glat. Hæld det i skålen og bland det godt. Krydr godt efter smag.

Ernæring (for 100g):365 Kalorier 10g Fedt 43g Kulhydrater 13g Protein 845mg Natrium

Kikærte og Zucchinisalat

Forberedelsestid: 10 minutter

Madlavningstid: 0 minutter

Portioner: 3

Sværhedsgrad: Let

Ingredienser:

- ¼ kop balsamicoeddike
- 1/3 kop hakkede basilikumblade
- 1 spsk kapers, drænet og hakket
- ½ kop smuldret fetaost
- 1 dåse kikærter, drænet
- 1 fed hvidløg, hakket
- ½ kop Kalamata oliven, hakket
- 1/3 kop olivenolie
- ½ kop sødt løg, hakket
- ½ tsk oregano
- 1 knivspids rød peberflager, knust
- ¾ kop rød peberfrugt, hakket
- 1 spsk hakket rosmarin
- 2 kopper zucchini i tern
- salt og peber efter smag

Rutevejledning:

Kom grøntsagerne i en skål og dæk godt til.

Server ved stuetemperatur. Men for de bedste resultater skal du stille skålen på køl et par timer før servering, så smagene kan blande sig.

Ernæring (for 100g):258 Kalorier 12g Fedt 19g Kulhydrater 5,6g Protein 686mg Natrium

Provencalsk artiskok salat

Forberedelsestid: 15 minutter

Madlavningstid: 5 minutter

Portioner: 3

Sværhedsgrad: Let

Ingredienser:

- 9 oz artiskokhjerter
- 1 tsk hakket basilikum
- 2 fed hvidløg, hakket
- 1 citronskal
- 1 spsk oliven, hakket
- 1 spsk olivenolie
- ½ hakket løg
- 1 knivspids, ½ tsk salt
- 2 tomater, hakkede
- 3 spiseskefulde vand
- ½ glas hvidvin
- salt og peber efter smag

Rutevejledning:

Varm olien op i en gryde. Svits løg og hvidløg. Kog indtil løgene er gennemsigtige og krydr med en knivspids salt. Hæld hvidvinen i og lad det simre til vinen er reduceret til det halve.

Tilsæt de hakkede tomater, artiskokhjerter og vand. Lad det simre og tilsæt derefter citronskal og ca. ½ tsk salt. Dæk til og kog i cirka 6 minutter.

Tilsæt oliven og basilikum. Krydr godt og nyd!

Ernæring (for 100g):147 Kalorier 13g Fedt 18g Kulhydrater 4g Protein 689mg Natrium

Bulgarsk salat

Forberedelsestid: 10 minutter

Madlavningstid: 20 minutter

Portioner: 2

Sværhedsgrad: Gennemsnitlig

Ingredienser:

- 2 kopper bulgur
- 1 spiseskefuld smør
- 1 agurk, skåret i stykker
- ¼ kop dild
- ¼ kop sorte oliven, skåret i halve
- 1 spsk, 2 teskefulde olivenolie
- 4 kopper vand
- 2 teskefulde rødvinseddike
- salt, efter smag

Rutevejledning:

Rist bulguren i en gryde på en blanding af smør og olivenolie. Lad koge indtil bulguren er gyldenbrun og begynder at revne.

Tilsæt vand og smag til med salt. Pak det hele ind og lad det simre i cirka 20 minutter eller indtil bulguren er mør.

I en skål blandes agurkestykkerne med olivenolie, dild, rødvinseddike og sorte oliven. Bland alt godt.

Den kombinerer agurk og bulgur.

Ernæring (for 100g):386 Kalorier 14g Fedt 55g Kulhydrater 9g Protein 545mg Natrium

Falafel salatskål

Forberedelsestid: 15 minutter

Madlavningstid: 5 minutter

Portioner: 2

Sværhedsgrad: Let

Ingredienser:

- 1 spsk chili hvidløg sauce
- 1 spsk hvidløg og dildsauce
- 1 pakke vegetariske falafler
- 1 æske humus
- 2 spsk citronsaft
- 1 spiseskefuld udstenede kalamata-oliven
- 1 spsk ekstra jomfru olivenolie
- ¼ kop løg, i tern
- 2 kopper hakket persille
- 2 kopper sprød pita
- 1 knivspids salt
- 1 spsk tahinisauce
- ½ kop tomat i tern

Rutevejledning:

Kog de tilberedte falafler. Læg det til side. Forbered salaten. Bland persille, løg, tomat, citronsaft, olivenolie og salt. Smid det hele ud og læg det hele til side. Overfør det hele til serveringsskålene. Tilsæt persillen og dæk med humus og falafel. Drys skål med tahinisauce, chili hvidløgssauce og dildsauce. Ved servering tilsættes citronsaften og salaten blandes godt sammen. Server med pitabrød ved siden af.

Ernæring (for 100g):561 Kalorier 11g Fedt 60,1g Kulhydrater 18,5g Protein 944mg Natrium

Nem græsk salat

Forberedelsestid: 15 minutter

Madlavningstid: 0 minutter

Portioner: 2

Sværhedsgrad: Let

Ingredienser:

- 4 oz græsk fetaost, i tern
- 5 agurker, skåret på langs
- 1 tsk honning
- 1 citron, tygget og revet
- 1 kop kalamata oliven, udstenede og halveret
- ¼ kop ekstra jomfru olivenolie
- 1 løg, skåret i skiver
- 1 tsk oregano
- 1 knivspids frisk oregano (til pynt)
- 12 tomater i kvarte
- ¼ kop rødvinseddike
- salt og peber efter smag

Rutevejledning:

I en skål lægges løgene i blød i saltet vand i 15 minutter. I en stor skål kombineres honning, citronsaft, citronskal, oregano, salt og peber. Bland alt sammen. Tilsæt gradvist olivenolien, mens du pisk, indtil olien emulgerer. Tilsæt oliven og tomater. Sæt det rigtigt. Tilsæt agurkerne

Dræn løgene opblødt i saltet vand og tilsæt dem til salatblandingen. Top salaten med frisk oregano og feta. Dryp med olivenolie og smag til med peber.

Ernæring (for 100g):292 Kalorier 17g Fedt 12g Kulhydrater 6g Protein 743mg Natrium

Rucolasalat med figner og valnødder

Forberedelsestid: 15 minutter

Madlavningstid: 10 minutter

Portioner: 2

Sværhedsgrad: Let

Ingredienser:

- 5 oz rucola
- 1 gulerod, skrabet
- 1/8 tsk cayennepeber
- 3 oz gedeost, smuldret
- 1 dåse saltfri kikærter, drænet
- ½ kop tørrede figner, skåret i tern
- 1 tsk honning
- 3 spiseskefulde olivenolie
- 2 teskefulde balsamicoeddike
- ½ valnødder skåret i halve
- salt, efter smag

Rutevejledning:

Forvarm ovnen til 175 grader. Kombiner nødderne, 1 spsk olivenolie, cayennepeber og 1/8 tsk salt i en ovnfast fad. Overfør bagepladen i ovnen og bag den til nødderne er gyldne. Læg det til side, når du er færdig.

I en skål tilsættes honning, balsamicoeddike, 2 spsk olie og ¾ tsk salt.

I en stor skål kombineres rucola, gulerod og figner. Tilsæt nødder og gedeost og dryp med balsamicohonningvinaigrette. Sørg for at dække alt.

Ernæring (for 100g):403 Kalorier 9g Fedt 35g Kulhydrater 13g Protein 844mg Natrium

Blomkålssalat med Tahini Vinaigrette

Forberedelsestid: 15 minutter

Madlavningstid: 5 minutter

Portioner: 2

Sværhedsgrad: Gennemsnitlig

Ingredienser:

- 1 ½ lb. blomkål
- ¼ kop tørrede kirsebær
- 3 spiseskefulde citronsaft
- 1 spsk frisk mynte, hakket
- 1 tsk olivenolie
- ½ kop hakket persille
- 3 spiseskefulde ristede saltede pistacienødder, hakket
- ½ tsk salt
- ¼ kop skalotteløg, hakket
- 2 spiseskefulde tahin

Rutevejledning:

Riv blomkålen i en mikroovnssikker beholder Tilsæt olivenolie og ¼ salt. Sørg for at dække og krydre blomkålen jævnt. Pak skålen ind med plastfolie og varm den i mikroovnen i cirka 3 minutter.

Kom risene med blomkålen på en bageplade og lad afkøle i cirka 10 minutter. Tilsæt citronsaft og skalotteløg. Lad det hvile, så blomkålen kan suge smagen til sig.

Tilsæt blandingen af tahin, kirsebær, persille, mynte og salt. Bland alt godt. Drys med ristede pistacienødder inden servering.

Ernæring (for 100g):165 kalorier 10 g fedt 20 g kulhydrater 6 g protein 651 mg natrium

middelhavs kartoffelsalat

Forberedelsestid: 15 minutter

Madlavningstid: 10 minutter

Portioner: 2

Sværhedsgrad: Let

Ingredienser:

- 1 bundt basilikumblade, revet
- 1 fed hvidløg, knust
- 1 spsk olivenolie
- 1 løg, skåret i skiver
- 1 tsk oregano
- 100 g brændt rød peber. Skiver
- 300 g kartofler, skåret i halve
- 1 dåse cherrytomater
- salt og peber efter smag

Rutevejledning:

Svits løgene i en gryde. Tilsæt oregano og hvidløg. Han koger alt i et minut. Tilsæt peber og tomater. Krydr godt og lad det simre i cirka 10 minutter. Læg det til side.

I en gryde koges kartoflerne i saltet vand. Kog indtil de er møre, cirka 15 minutter. Dræn godt af. Bland kartoflerne med saucen og tilsæt basilikum og oliven. Til sidst smides det hele ud inden servering.

Ernæring (for 100g):111 kalorier 9 g fedt 16 g kulhydrater 3 g protein 745 mg natrium

Quinoa og pistacie salat

Forberedelsestid: 10 minutter

Madlavningstid: 15 minutter

Portioner: 2

Sværhedsgrad: Let

Ingredienser:

- ¼ teskefuld spidskommen
- ½ kop tørrede ribs
- 1 tsk revet citronskal
- 2 spsk citronsaft
- ½ kop grønne løg, hakket
- 1 spsk hakket mynte
- 2 spsk ekstra jomfru olivenolie
- ¼ kop hakket persille
- ¼ tsk kværnet peber
- 1/3 kop pistacienødder, hakket
- 1 ¼ kopper ukogt quinoa
- 1 2/3 kop vand

Rutevejledning:

I en gryde kombineres 1 2/3 kopper vand, rosiner og quinoa. Kog alt, indtil det koger, og reducer derefter varmen. Lad det hele simre i cirka 10 minutter og lad quinoaen blive skummende. Stil det til side i cirka 5 minutter. Overfør quinoablandingen i en beholder. Tilsæt nødder, mynte, løg og persille. Bland alt sammen. I en separat skål tilsættes citronskal, citronsaft, ribs, spidskommen og olie. Slå dem sammen. Bland de tørre og våde ingredienser.

Ernæring (for 100g):248 kalorier 8 g fedt 35 g kulhydrater 7 g protein 914 mg natrium

Agurk kyllingesalat med krydret jordnøddedressing

Forberedelsestid: 15 minutter

Madlavningstid: 0 minutter

Portioner: 2

Sværhedsgrad: Gennemsnitlig

Ingredienser:

- 1/2 kop jordnøddesmør
- 1 spsk sambal oelek (chilipasta)
- 1 spsk sojasovs med lavt natriumindhold
- 1 tsk grillet sesamolie
- 4 spsk vand, eller mere evt
- 1 agurk med skrællet og skåret i tynde strimler
- 1 kogt kyllingefilet, revet i tynde strimler
- 2 spsk hakkede jordnødder

Rulevejledning:

Kom jordnøddesmør, sojasauce, sesamolie, sambal oelek og vand i en skål. Læg agurkeskiverne på et fad. Pynt med revet kylling og drys med sauce. Drys de hakkede peanuts.

Ernæring (for 100g):720 kalorier 54 g fedt 8,9 g kulhydrater 45,9 g protein 733 mg natrium

Tysk varm kartoffelsalat

Forberedelsestid: 10 minutter

Madlavningstid: 30 minutter

Portioner: 12

Sværhedsgrad: Gennemsnitlig

Ingredienser:

- 9 skrællede kartofler
- 6 skiver bacon
- 1/8 tsk stødt sort peber
- 1/2 tsk selleri frø
- 2 spsk hvidt sukker
- 2 tsk salt
- 3/4 kop vand
- 1/3 kop destilleret hvid eddike
- 2 spsk universalmel
- 3/4 kop hakkede løg

Rutevejledning:

Kog saltet vand i en stor gryde. Kom kartoflerne i og kog dem bløde, men stadig faste, cirka 30 minutter. Dræn, lad afkøle og skær fint. Ved middel varme koges bacon i en gryde. Dræn, smuldr og stil til side. Gem kogesaften. Steg løg i baconfedt, indtil de er gyldenbrune.

Bland mel, sukker, salt, sellerifrø og peber i en lille skål. Tilsæt sauterede løg og steg under omrøring, indtil de bobler, og tag dem af varmen. Rør vandet og eddiken i, bring derefter tilbage til ilden og bring det i kog under konstant omrøring. Kog og rør rundt. Tilsæt langsomt bacon og kartoffelskiver til eddike/vandblandingen, mens du rører forsigtigt, indtil kartoflerne er varmet op.

Ernæring (for 100g):205 kalorier 6,5 g fedt 32,9 g kulhydrater 4,3 g protein 814 mg natrium

Grøntsags Paella

Forberedelsestid: 25 minutter

Madlavningstid: 45 minutter

Portioner: 6

Sværhedsgrad: Gennemsnitlig

Ingredienser:

- ¼ kop olivenolie
- 1 stort sødt løg
- 1 stor rød peberfrugt
- 1 stor grøn peberfrugt
- 3 fed hvidløg, finthakket
- 1 tsk røget paprika
- 5 safran tråde
- 1 zucchini, skåret i ½-tommers tern
- 4 store modne tomater, skrællet, frøet og hakket
- 1½ kopper kortkornet spansk ris
- 3 kopper grøntsagsbouillon, opvarmet

Rutevejledning:

Forvarm ovnen til 350°F. Kog olivenolien ved middel varme. Rør løg og røde og grønne peberfrugter i og kog i 10 minutter.

Rør hvidløg, paprika, safranetråde, zucchini og tomater i. Skru ned for varmen til medium-lav og kog i 10 minutter.

Rør ris og grøntsagsbouillon i. Øg varmen for at bringe paellaen i kog. Sæt varmen til medium-lav og kog i 15 minutter. Pak gryden ind med alufolie og sæt den i ovnen.

Bages i 10 minutter eller indtil bouillonen er absorberet.

Ernæring (for 100g):288 kalorier 10 g fedt 46 g kulhydrater 3 g protein 671 mg natrium

Aubergine og risgryde

Forberedelsestid: 30 minutter

Madlavningstid: 35 minutter

Portioner: 4

Sværhedsgrad: Svært

Ingredienser:

- Til saucen
- ½ kop olivenolie
- 1 lille løg, hakket
- 4 fed hvidløg, mosede
- 6 modne tomater, pillede og hakkede
- 2 spsk tomatpure
- 1 tsk tørret oregano
- ¼ tsk stødt muskatnød
- ¼ teskefuld stødt spidskommen
- Til gryden
- 4 (6-tommer) japanske auberginer, halveret på langs
- 2 spsk olivenolie
- 1 kop kogte ris
- 2 spsk pinjekerner, ristede
- 1 kop vand

Rutevejledning:

At lave saucen

Kog olivenolien i en tykbundet gryde ved middel varme. Læg løget og steg i 5 minutter. Rør hvidløg, tomater, tomatpure, oregano, muskatnød og spidskommen i. Kog derefter varmen ned til lav, og lad det simre i 10 minutter. Fjern og sæt til side.

At lave gryden

Forvarm slagtekyllingen. Mens saucen simrer, dryp aubergine med olivenolie og læg dem på en bageplade. Steg i cirka 5 minutter, indtil de er gyldne. Fjern og lad afkøle. Tænd ovnen til 375°F. Arranger den afkølede aubergine, med skæresiden opad, i en 9 x 13-tommer bageform. Skrab forsigtigt lidt kød ud for at give plads til fyldet.

I en skål kombineres halvdelen af tomatsaucen, de kogte ris og pinjekerner. Fyld hver aubergine halvdel med risblandingen. I samme skål kombineres den resterende tomatsauce og vand. Hæld over auberginen. Bag, tildækket, i 20 minutter, indtil auberginen er blød.

Ernæring (for 100g):453 kalorier 39g fedt 29g kulhydrater 7g protein 820mg natrium

Mange grøntsagscouscous

Forberedelsestid: 15 minutter

Madlavningstid: 45 minutter

Portioner: 8

Sværhedsgrad: Svært

Ingredienser:

- ¼ kop olivenolie
- 1 løg, hakket
- 4 fed hvidløg, hakket
- 2 jalapeñopeber, gennemboret med en gaffel flere steder
- ½ tsk stødt spidskommen
- ½ tsk stødt koriander
- 1 (28-ounce) dåse knuste tomater
- 2 spsk tomatpure
- 1/8 tsk salt
- 2 laurbærblade
- 11 kopper vand, delt
- 4 gulerødder
- 2 zucchinier, skåret i 2-tommer stykker
- 1 agern squash, halveret, frøet og skåret i 1 tomme tykke skiver
- 1 (15-ounce) dåse kikærter, drænet og skyllet
- ¼ kop hakkede konserverede citroner (valgfrit)
- 3 kopper couscous

Rutevejledning:

Kog olivenolien i en tykbundet gryde. Læg løget og steg i 4 minutter. Rør hvidløg, jalapeños, spidskommen og koriander i. Kog i 1 minut. Tilsæt tomater, tomatpure, salt, laurbærblade og 8 kopper vand. Bring blandingen i kog.

Tilsæt gulerødder, zucchini og agern squash og bring det i kog. Skru lidt ned for varmen, læg låg på og kog i cirka 20 minutter, indtil grøntsagerne er møre, men ikke grødede. Tag 2 kopper af kogevæsken og stil til side. Krydr efter behov.

Tilsæt kikærter og konserverede citroner (hvis du bruger). Kog i et par minutter, og sluk for varmen.

I en mellemstor gryde bringes de resterende 3 kopper vand i kog over høj varme. Rør couscousen i, læg låg på og sluk for varmen. Lad couscousen hvile i 10 minutter. Dryp med 1 kop reserveret kogevæske. Brug en gaffel til at lufte couscousen.

Hæld det på et stort fad. Dryp den med den resterende kogevæske. Træk grøntsagerne ud af gryden og læg dem ovenpå. Server den resterende gryderet i en separat skål.

Ernæring (for 100g):415 kalorier 7g fedt 75g kulhydrater 9g protein 718mg natrium

Kushari

Forberedelsestid: 25 minutter

Madlavningstid: 1 time og 20 minutter

Portioner: 8

Sværhedsgrad: Svært

Ingredienser:

- Til saucen
- 2 spsk olivenolie
- 2 fed hvidløg, hakket
- 1 (16-ounce) dåse tomatsauce
- ¼ kop hvid eddike
- ¼ kop Harissa, eller købt i butikken
- 1/8 tsk salt
- Til risene
- 1 kop olivenolie
- 2 løg, skåret i tynde skiver
- 2 kopper tørrede brune linser
- 4 liter plus ½ kop vand, fordelt
- 2 kopper kortkornet ris
- 1 tsk salt
- 1-pund kort albue pasta
- 1 (15-ounce) dåse kikærter, drænet og skyllet

Rutevejledning:

At lave saucen

I en gryde koges olivenolien. Svits hvidløget. Rør tomatsauce, eddike, harissa og salt i. Bring saucen i kog. Skru ned for varmen til lav og kog i 20 minutter eller indtil saucen er tyknet. Fjern og sæt til side.

At lave risene

Klargør pladen med køkkenrulle og stil til side. Varm olivenolien op i en stor pande ved middel varme. Svits løgene, rør ofte, til de er sprøde og gyldne. Overfør løgene til den forberedte tallerken og sæt til side. Reserver 2 spiseskefulde af madolie. Reservér panden.

Over høj varme, kom linser og 4 kopper vand i en gryde. Lad det koge og kog i 20 minutter. Si og vend med de reserverede 2 spiseskefulde madolie. Sæt til side. Reserver gryden.

Placer den pande, du brugte til at stege løgene, over medium-høj varme og tilsæt ris, 4½ kopper vand og salt. Bring i kog. Sæt varmen til lav, og kog i 20 minutter. Sluk og sæt til side i 10 minutter. Bring de resterende 8 kopper vand, saltet, i kog over høj varme i den samme gryde, som du brugte til at koge linserne. Kom pastaen i og kog i 6 minutter eller efter pakkens anvisning. Dræn og sæt til side.

At samle

Hæld risene på et serveringsfad. Top den med linser, kikærter og pasta. Dryp med den varme tomatsauce og drys med de sprøde stegte løg.

Ernæring (for 100g):668 kalorier 13g fedt 113g kulhydrater 18g protein 481mg natrium

Bulgur med tomater og kikærter

Forberedelsestid: 10 minutter

Madlavningstid: 35 minutter

Portioner: 6

Sværhedsgrad: Gennemsnitlig

Ingredienser:

- ½ kop olivenolie
- 1 løg, hakket
- 6 tomater, i tern, eller 1 (16-ounce) dåse tomater i tern
- 2 spsk tomatpure
- 2 kopper vand
- 1 spsk Harissa, eller købt i butikken
- 1/8 tsk salt
- 2 kopper grov bulgur
- 1 (15-ounce) dåse kikærter, drænet og skyllet

Rutevejledning:

Varm olivenolien op i en tykbundet gryde ved middel varme. Svits løget og tilsæt derefter tomaterne med deres saft og steg i 5 minutter.

Rør tomatpure, vand, harissa og salt i. Bring i kog.

Rør bulgur og kikærter i. Sæt blandingen i kog. Sænk varmen til lav og kog i 15 minutter. Lad hvile i 15 minutter før servering.

Ernæring (for 100g):413 kalorier 19g fedt 55g kulhydrater 14g protein 728mg natrium

Makrel Maccheroni

Forberedelsestid: 10 minutter

Madlavningstid: 15 minutter

Portioner: 4

Sværhedsgrad: Let

Ingredienser:

- 12 oz Maccheroni
- 1 fed hvidløg
- 14 oz tomatsauce
- 1 kvist hakket persille
- 2 friske chilipeber
- 1 tsk salt
- 7 oz makrel i olie
- 3 spsk ekstra jomfru olivenolie

Rutevejledning:

Start med at sætte vandet i kog i en gryde. Mens vandet varmes op, tag en pande, hæld lidt olie og lidt hvidløg i og kog ved svag varme. Når hvidløget er kogt, trækkes det ud af gryden.

Skær chilipeberen op, fjern de indre kerner og skær den i tynde strimler.

Tilsæt kogevand og chilipeber i samme gryde som før. Tag derefter makrellen, og efter at have drænet olien og adskilt den med en gaffel, læg den på panden med de andre ingredienser. Svits det let ved at tilføje lidt kogevand.

Når alle ingredienserne er godt blandet, tilsættes tomatpuréen i gryden. Bland godt for at jævne alle ingredienserne og kog ved svag varme i cirka 3 minutter.

Lad os gå videre til pastaen:

Når vandet begynder at koge, tilsæt salt og pasta. Dræn maccheronien, når de er lidt al dente, og tilsæt dem til den sauce, du har lavet.

Sauter et par øjeblikke i saucen og smag til med salt og peber efter smag.

Ernæring (for 100g):510 kalorier 15,4 g Fedt 70 g Kulhydrater 22,9 g Protein 730 mg Natrium

Maccheroni med cherrytomater og ansjoser

Forberedelsestid: 10 minutter

Madlavningstid: 15 minutter

Portioner: 4

Sværhedsgrad: Let

Ingredienser:

- 14 oz Maccheroni Pasta
- 6 Saltede ansjoser
- 4 oz cherrytomater
- 1 fed hvidløg
- 3 spsk ekstra jomfru olivenolie
- Frisk chilipeber efter smag
- 3 basilikumblade
- Salt efter smag

Rutevejledning:

Start med at varme vand i en gryde og tilsæt salt, når det koger. Tilbered imens saucen: Tag tomaterne efter at have vasket dem og skær dem i 4 stykker.

Tag nu en slip-let pande, drys lidt olie i og smid et fed hvidløg i. Når det er kogt, skal du fjerne det fra gryden. Tilsæt de rene ansjoser i gryden, smelt dem i olien.

Når ansjoserne er godt opløst, tilsættes de udskårne tomatstykker og varmen skrues op til høj, indtil de begynder at blive bløde (pas på ikke at de bliver for bløde).

Tilsæt chilipeberne uden kerner, skær i små stykker og krydr.

Kom pastaen over i gryden med kogende vand, dræn den al dente, og lad den sautere i gryden et par øjeblikke.

Ernæring (for 100g):476 Kalorier 11g Fedt 81,4g Kulhydrater 12,9g Protein 763mg Natrium

Citron og rejer Risotto

Forberedelsestid: 10 minutter

Madlavningstid: 30 minutter

Portioner: 4

Sværhedsgrad: Let

Ingredienser:

- 1 citron
- 14 oz afskallede rejer
- 1 ¾ kopper risotto ris
- 1 hvidt løg
- 33 fl. oz (1 liter) grøntsagsbouillon (endnu mindre er fint)
- 2½ spsk smør
- ½ glas hvidvin
- Salt efter smag
- Sort peber efter smag
- Purløg efter smag

Rutevejledning:

Start med at koge rejerne i saltet vand i 3-4 minutter, afdryp og stil til side.

Pil og hak et løg fint, steg det med smeltet smør, og når smørret er tørret ristes risene på panden i et par minutter.

Afglasér risene med et halvt glas hvidvin, og tilsæt derefter saften af 1 citron. Rør rundt og kog risene færdig ved at fortsætte med at tilføje en ske grøntsagsfond efter behov.

Bland godt og et par minutter før afslutningen af tilberedningen, tilsæt de tidligere kogte rejer (hold nogle af dem til side til pynt) og lidt sort peber.

Når varmen er slukket, tilsæt en klat smør og rør rundt. Risottoen er klar til servering. Pynt med de resterende rejer og drys med lidt purløg.

Ernæring (for 100g):510 Kalorier 10 g Fedt 82,4 g Kulhydrater 20,6 g Protein 875 mg Natrium

Spaghetti med muslinger

Forberedelsestid: 10 minutter

Madlavningstid: 40 minutter

Portioner: 4

Sværhedsgrad: Let

Ingredienser:

- 11,5 oz spaghetti
- 2 pund muslinger
- 7 oz tomatsauce eller tomatpulp til den røde version af denne ret
- 2 fed hvidløg
- 4 spsk ekstra jomfru olivenolie
- 1 glas tør hvidvin
- 1 spsk finthakket persille
- 1 chilipeber

Rutevejledning:

Start med at vaske muslingerne: "rens" aldrig muslingerne - de må kun åbnes ved brug af varme, ellers går deres dyrebare indre væske tabt sammen med eventuelt sand. Vask muslingerne hurtigt med et dørslag placeret i en salatskål: dette vil filtrere sandet fra skallerne.

Kom derefter straks de afdryppede muslinger i en gryde med låg ved høj varme. Vend dem af og til, og når de næsten alle er åbne, tag dem af varmen. De muslinger, der forbliver lukkede, er døde og skal elimineres. Fjern bløddyrene fra de åbne, og lad nogle af dem blive hele til at dekorere fadene. Si væsken tilbage i bunden af gryden, og stil til side.

Tag en stor pande og hæld lidt olie i den. Varm en hel peberfrugt og et eller to fed knust hvidløg op ved meget lav varme, indtil fedene bliver gullige. Tilsæt muslingerne og smag til med tør hvidvin.

Tilsæt nu muslingvæsken, der er siet tidligere, og lidt finthakket persille.

Si og smid straks spaghettien al dente i gryden, efter at have kogt dem i rigeligt saltet vand. Rør godt rundt, indtil spaghettien absorberer al væsken fra muslingerne. Hvis du ikke brugte en chilipeber, så komplet med et let drys hvid eller sort peber.

Ernæring (for 100g):167 kalorier 8 g fedt 8,63 g kulhydrater 5 g protein 720 mg natrium

græsk fiskesuppe

Forberedelsestid: 10 minutter

Madlavningstid: 60 minutter

Portioner: 4

Sværhedsgrad: Let

Ingredienser:

- Kulmule eller anden hvid fisk
- 4 kartofler
- 4 forårsløg
- 2 gulerødder
- 2 stilke selleri
- 2 Tomater
- 4 spsk ekstra jomfru olivenolie
- 2 æg
- 1 citron
- 1 kop ris
- Salt efter smag

Rutevejledning:

Vælg en fisk, der ikke overstiger 2,2 pund i vægt, fjern dens skæl, gæller og tarme og vask den godt. Salt det og sæt til side.

Vask kartoflerne, gulerødderne og løgene og kom dem i gryden hele med nok vand til at udbløde dem og bring dem derefter i kog.

Tilsæt sellerien, der stadig er bundet i bundter, så den ikke spreder sig under tilberedningen, skær tomaterne i fire dele og tilsæt også disse sammen med olie og salt.

Når grøntsagerne er næsten kogte tilsættes mere vand og fisken. Kog i 20 minutter og fjern det fra bouillonen sammen med grøntsagerne.

Læg fisken i et serveringsfad ved at pynte den med grøntsagerne og si bouillonen. Sæt bouillonen tilbage på varmen, fortynd den med lidt vand. Når det koger, puttes risene i og smages til med salt. Når risene er kogt, tages gryden af varmen.

Forbered avgolemonosauce:

Pisk æggene godt sammen og tilsæt langsomt citronsaften. Kom lidt bouillon i en slev og hæld det langsomt i æggene, mens du rører konstant.

Til sidst tilsættes den opnåede sauce til suppen og blandes godt.

Ernæring (for 100g):263 Kalorier 17,1g Fedt 18,6g Kulhydrater 9g Protein 823mg Natrium

Venere ris med rejer

Forberedelsestid: 10 minutter

Madlavningstid: 55 minutter

Portioner: 3

Sværhedsgrad: Let

Ingredienser:

- 1 ½ kop sort venerris (bedre hvis parboiled)
- 5 tsk ekstra jomfru olivenolie
- 10,5 oz rejer
- 10,5 oz zucchini
- 1 citron (saft og skal)
- Bordsalt efter smag
- Sort peber efter smag
- 1 fed hvidløg
- Tabasco efter smag

Rutevejledning:

Lad os starte med risene:

Efter at have fyldt en gryde med rigeligt vand og bragt det i kog, hæld risene i, tilsæt salt og kog i den nødvendige tid (se pakkens tilberedningsvejledning).

Riv imens zucchinien med rivejern med store huller. Varm olivenolien op i en gryde med det pillede hvidløgsfed, tilsæt revet zucchini, salt og peber, og kog i 5 minutter, fjern hvidløgsfed og stil grøntsagerne til side.

Rens nu rejerne:

Fjern skallen, klip halen, del dem i to på langs, og fjern tarmen (den mørke tråd i ryggen). Læg de rensede rejer i en skål og krydr med olivenolie; giv den lidt ekstra smag ved at tilføje citronskal, salt og peber og ved at tilføje et par dråber Tabasco, hvis du vælger det.

Varm rejerne op på en varm pande i et par minutter. Når det er kogt, sættes det til side.

Når Venere-risene er klar, si den i en skål, tilsæt zucchiniblandingen og rør rundt.

Ernæring (for 100g):293 Kalorier 5g Fedt 52g Kulhydrater 10g Protein 655mg Natrium

Pennette med laks og vodka

Forberedelsestid: 10 minutter

Madlavningstid: 18 minutter

Portioner: 4

Sværhedsgrad: Let

Ingredienser:

- 14 oz Pennette Rigate
- 7 oz røget laks
- 1,2 oz skalotteløg
- 1,35 fl. oz (40 ml) Vodka
- 5 oz cherrytomater
- 7 oz frisk flydende fløde (jeg anbefaler den vegetabilske til en lettere ret)
- Purløg efter smag
- 3 spsk ekstra jomfru olivenolie
- Salt efter smag
- Sort peber efter smag
- Basilikum efter smag (til pynt)

Rutevejledning:

Vask og skær tomater og purløg. Efter at have pillet skalotteløget hakkes det med en kniv, kommes i en gryde og marineres i ekstra jomfru olivenolie i et øjeblik.

Skær imens laksen i strimler og sauter den sammen med olie og skalotteløg.

Blend det hele med vodkaen, og vær forsigtig, da der kan være en blus (hvis en flamme skulle stige, så bare rolig, den vil sænke sig, så snart alkoholen er fordampet helt). Tilsæt de hakkede tomater og tilsæt et nip salt og, hvis du har lyst, lidt peber. Til sidst tilsættes fløde og hakket purløg.

Tilbered pastaen, mens saucen fortsætter med at koge. Når vandet koger, hæld Pennette i og lad dem koge, indtil de er al dente.

Si pastaen, og hæld Pennette i saucen, og lad dem koge et par øjeblikke, så de kan absorbere al smagen. Hvis du har lyst, kan du pynte med et basilikumblad.

Ernæring (for 100g):620 kalorier 21,9 g Fedt 81,7 g Kulhydrater 24 g Protein 326 mg Natrium

Seafood Carbonara

Forberedelsestid: 15 minutter

Madlavningstid: 50 minutter

Portioner: 3

Sværhedsgrad: Let

Ingredienser:

- 11,5 oz spaghetti
- 3,5 oz tun
- 3,5 oz sværdfisk
- 3,5 oz laks
- 6 æggeblommer
- 4 spsk parmesanost (Parmigiano Reggiano)
- 2 fl. oz (60 ml) Hvidvin
- 1 fed hvidløg
- Ekstra jomfru olivenolie efter smag
- Bordsalt efter smag
- Sort peber efter smag

Rutevejledning:

Forbered et kogende vand i en gryde og tilsæt lidt salt.

Hæld imens 6 æggeblommer i en skål og tilsæt revet parmesan, peber og salt. Pisk med et piskeris, og spæd med lidt kogevand fra gryden.

Fjern eventuelle knogler fra laksen, skæl fra sværdfisken, og fortsæt med at skære tun, laks og sværdfisk i tern.

Når det koger, smid pastaen i og kog den lidt al dente.

Varm imens lidt olie op i en stor pande, tilsæt det hele pillede hvidløgsfed. Når olien er varm, smid fisketern i og sauter ved høj varme i cirka 1 minut. Fjern hvidløget og tilsæt hvidvinen.

Når alkoholen er fordampet, tages fisketerningerne ud og varmen sænkes. Så snart spaghettien er klar, tilsæt dem i gryden og sauter i cirka et minut under konstant omrøring og tilsæt kogevand efter behov.

Hæld æggeblommeblandingen og fisketernene i. Bland godt. Tjene.

Ernæring (for 100g):375 kalorier 17 g Fedt 41,40 g Kulhydrater 14 g Protein 755 mg Natrium

Garganelli med Zucchini Pesto og rejer

Forberedelsestid: 10 minutter

Madlavningstid: 30 minutter

Portioner: 4

Sværhedsgrad: Gennemsnitlig

Ingredienser:

- 14 oz ægbaseret Garganelli
- Til zucchinipestoen:
- 7 oz zucchini
- 1 kop pinjekerner
- 8 spiseskefulde (0,35 oz) basilikum
- 1 tsk bordsalt
- 9 spsk ekstra jomfru olivenolie
- 2 spsk parmesanost, der skal rives
- 1 oz Pecorino skal rives
- Til de sauterede rejer:
- 8,8 oz rejer
- 1 fed hvidløg
- 7 teskefulde ekstra jomfru olivenolie
- Knivspids salt

Rutevejledning:

Start med at forberede pestoen:

Efter vask af zucchini, riv dem, læg dem i et dørslag (så de kan miste noget overskydende væske), og salt dem let. Kom pinjekerner, zucchini og basilikumblade i blenderen. Tilsæt revet parmesan, pecorino og ekstra jomfruolivenolie.

Blend det hele, indtil blandingen er cremet, rør en knivspids salt i og stil til side.

Skift til rejer:

Træk først og fremmest tarmen ud ved at skære rejernes ryg over med en kniv i hele dens længde og fjern med knivspidsen den sorte tråd indeni.

Steg hvidløgsfeddet i en slip-let pande med ekstra jomfru olivenolie. Når det er brunet, fjern hvidløget og tilsæt rejerne. Sauter dem i cirka 5 minutter ved middel varme, indtil du ser en sprød skorpe dannes på ydersiden.

Kog derefter en gryde med saltet vand og kog Garganelli. Stil et par skeer kogevand til side, og dræn pastaen al dente.

Kom Garganelli i gryden, hvor du kogte rejerne. Kog sammen i et minut, tilsæt en ske kogevand og tilsæt til sidst zucchinipestoen.

Bland alt godt for at kombinere pastaen med saucen.

Ernæring (for 100g):776 Kalorier 46g Fedt 68g Kulhydrater 22,5g Protein 835mg Natrium

Lakse Risotto

Forberedelsestid: 10 minutter

Madlavningstid: 30 minutter

Portioner: 4

Sværhedsgrad: Gennemsnitlig

Ingredienser:

- 1 ¾ kop (12,3 oz) ris
- 8,8 oz laksebøffer
- 1 Porre
- Ekstra jomfru olivenolie efter smag
- 1 fed hvidløg
- ½ glas hvidvin
- 3 ½ spsk revet Grana Padano
- salt efter smag
- Sort peber efter smag
- 17 fl. oz (500 ml) fiskebouillon
- 1 kop smør

Rutevejledning:

Start med at rense laksen og skær den i små stykker. Kog 1 spsk olie på en pande med et helt hvidløgsfed og brun laksen i 2/3 minutter, tilsæt salt og stil laksen til side, fjern hvidløget.

Begynd nu at forberede risottoen:

Skær porren i meget små stykker og lad den simre i en gryde ved svag varme med to spiseskefulde olie. Rør risene i og kog dem i et par sekunder ved middelhøj varme under omrøring med en træske.

Rør hvidvinen i og fortsæt med at lave mad, rør af og til, og prøv ikke at lade risene hænge fast i gryden, og tilsæt fonden (grøntsag eller fisk) gradvist.

Halvvejs i kogningen tilsættes laks, smør og evt. et nip salt. Når risene er gennemstegte, tages de af varmen. Kombiner med et par spiseskefulde revet Grana Padano og server.

Ernæring (for 100g):521 Kalorier 13g Fedt 82g Kulhydrater 19g Protein 839mg Natrium

Pasta med cherrytomater og ansjoser

Forberedelsestid: 15 minutter

Madlavningstid: 35 minutter

Portioner: 4

Sværhedsgrad: Let

Ingredienser:

- 10,5 oz spaghetti
- 1,3 pund cherrytomater
- 9 oz ansjoser (forrenset)
- 2 spsk kapers
- 1 fed hvidløg
- 1 lille rødløg
- Persille efter smag
- Ekstra jomfru olivenolie efter smag
- Bordsalt efter smag
- Sort peber efter smag
- Sorte oliven efter smag

Rutevejledning:

Skær hvidløgsfeddet, få tynde skiver.

Skær cherrytomaterne i 2. Pil løget og skær det i tynde skiver.

Kom lidt olie med de snittede hvidløg og løg i en gryde. Varm alt op over medium varme i 5 minutter; rør af og til.

Når alt er smagt godt til, tilsættes cherrytomater og en knivspids salt og peber. Kog i 15 minutter. Sæt i mellemtiden en gryde med vand på komfuret og tilsæt salt og pasta, så snart det koger.

Når saucen er næsten klar, blandes ansjoserne i og koges i et par minutter. Rør forsigtigt.

Sluk for varmen, hak persillen og kom den i gryden.

Når den er kogt, si pastaen og rør direkte i saucen. Tænd for varmen igen i et par sekunder.

Ernæring (for 100g):446 Kalorier 10 g Fedt 66,1 g Kulhydrater 22,8 g Protein 934 mg Natrium

Broccoli og pølse Orecchiette

Forberedelsestid: 10 minutter

Madlavningstid: 32 minutter

Portioner: 4

Sværhedsgrad: Gennemsnitlig

Ingredienser:

- 11,5 oz Orecchiette
- 10.5 Broccoli
- 10,5 oz pølse
- 1,35 fl. oz (40 ml) hvidvin
- 1 fed hvidløg
- 2 kviste timian
- 7 teskefulde ekstra jomfru olivenolie
- Sort peber efter smag
- Bordsalt efter smag

Rutevejledning:

Kog gryden op med fuld vand og salt. Fjern broccolibukterne fra stilken og skær dem i halve eller 4 dele, hvis de er for store; Kom dem derefter i det kogende vand og dæk gryden til og kog i 6-7 minutter.

Hak imens timian fint og stil til side. Træk tarmen fra pølsen og knus den forsigtigt ved hjælp af en gaffel.

Steg hvidløgsfeddet med lidt olivenolie og tilsæt pølsen. Efter et par sekunder tilsættes timian og lidt hvidvin.

Uden at smide kogevandet ud, fjern den kogte broccoli ved hjælp af en hulske og tilsæt dem til kødet lidt ad gangen. Kog det hele i 3-4 minutter. Fjern hvidløget og tilsæt en knivspids sort peber.

Lad vandet, hvor du kogte broccolien, koge op, og smid pastaen i og lad den koge. Når pastaen er kogt, si den med en hulske, og overfør den direkte til broccoli og pølsesauce. Bland derefter godt, tilsæt sort peber og sauter det hele i gryden i et par minutter.

Ernæring (for 100g):683 Kalorier 36g Fedt 69,6g Kulhydrater 20g Protein 733mg Natrium

Radicchio og røget baconrisotto

Forberedelsestid: 10 minutter

Madlavningstid: 30 minutter

Portioner: 3

Sværhedsgrad: Gennemsnitlig

Ingredienser:

- 1½ kop ris
- 14 oz Radicchio
- 5,3 oz røget bacon
- 34 fl. oz (1l) Grøntsagsbouillon
- 3,4 fl. oz (100 ml) rødvin
- 7 teskefulde ekstra jomfru olivenolie
- 1,7 oz skalotteløg
- Bordsalt efter smag
- Sort peber efter smag
- 3 kviste timian

Rutevejledning:

Lad os begynde med forberedelsen af grøntsagsbouillonen.

Start med radicchioen: Skær den i to og fjern den centrale del (den hvide del). Skær den i strimler, skyl godt og stil den til side. Skær også den røgede bacon i små strimler.

Hak skalotteløget fint og kom det i en gryde med lidt olie. Lad det simre ved middel varme, tilsæt en slev bouillon, tilsæt derefter bacon og lad det brune.

Efter cirka 2 minutter, tilsæt risene og rist dem under omrøring ofte. På dette tidspunkt hældes rødvinen over høj varme.

Når al alkoholen er fordampet, fortsætter du med at lave mad og tilføjer en slev bouillon ad gangen. Lad den forrige tørre, før du tilføjer en anden, indtil den er gennemstegt. Tilsæt salt og sort peber (det er op til hvor meget du beslutter dig for at tilføje).

Ved slutningen af tilberedningen tilsættes strimlerne af radicchio. Bland dem godt, indtil de er blandet med risene, men uden at koge dem. Tilsæt den hakkede timian.

Ernæring (for 100g):482 Kalorier 17,5 g Fedt 68,1 g Kulhydrater 13 g Protein 725 mg Natrium

Pasta alla Genovese

Forberedelsestid: 10 minutter

Madlavningstid: 25 minutter

Portioner: 3

Sværhedsgrad: Gennemsnitlig

Ingredienser:

- 11,5 oz Ziti
- 1 pund oksekød
- 2,2 pund gyldne løg
- 2 oz selleri
- 2 oz gulerødder
- 1 dusk persille
- 3,4 fl. oz (100 ml) hvidvin
- Ekstra jomfru olivenolie efter smag
- Bordsalt efter smag
- Sort peber efter smag
- Parmesan efter smag

Rutevejledning:

For at forberede pastaen skal du starte med:

Skræl og hak løg og gulerødder fint. Vask og hak derefter sellerien fint (smid ikke bladene, som også skal hakkes og lægges til side). Skift derefter til kødet, rens det for eventuelt overskydende fedt og skær det i 5/6 store stykker. Bind til sidst bladselleri og persillekvist med køkkengarn for at skabe en duftende flok.

Fyld rigeligt med olie i en stor gryde. Tilsæt løg, selleri og gulerødder (som du tidligere havde sat til side) og lad dem stege i et par minutter.

Tilsæt derefter kødstykkerne, en knivspids salt og den duftende flok. Rør og kog i et par minutter. Sænk derefter varmen og dæk med låg.

Kog i mindst 3 timer (tilsæt ikke vand eller bouillon, da løgene vil frigive al den væske, der er nødvendig for at forhindre, at bunden af gryden tørrer). Tjek af og til alt og rør rundt.

Efter 3 timers kogning fjernes urtebunken, øges varmen lidt, tilsættes en del af vinen og røres.

Kog kødet uden låg i cirka en time, rør ofte og tilsæt vinen, når bunden af gryden tørrer.

På dette tidspunkt skal du tage et stykke kød, skære det i skiver på et skærebræt og stille det til side. Hak ziti og kog dem i kogende saltet vand.

Når den er kogt, drænes den og lægges tilbage i gryden. Hæld et par spiseskefulde kogevand og rør rundt. Læg på en tallerken og tilsæt lidt sauce og smuldret kød (det der blev stillet til side i trin 7). Tilsæt peber og revet parmesan efter smag.

Ernæring (for 100g):450 kalorier 8 g fedt 80 g kulhydrater 14,5 g protein 816 mg natrium

Blomkålspasta fra Napoli

Forberedelsestid: 15 minutter

Madlavningstid: 35 minutter

Portioner: 3

Sværhedsgrad: Gennemsnitlig

Ingredienser:

- 10,5 oz pasta
- 1 blomkål
- 3,4 fl. oz (100 ml) tomatpuré
- 1 fed hvidløg
- 1 chilipeber
- 3 spsk ekstra jomfru olivenolie (eller teskefulde)
- Salt efter smag
- Peber efter smag

Rutevejledning:

Rens blomkålen godt: Fjern de yderste blade og stilken. Skær den i små buketter.

Pil hvidløgsfeddet, hak det og brun det i en gryde med olien og chilipeberen.

Tilsæt tomatpuré og blomkålsbuketter og lad dem brune et par minutter ved middel varme, dæk derefter med et par skeer vand og kog i 15-20 minutter eller i hvert fald indtil blomkålen begynder at blive cremet.

Hvis du kan se, at bunden af gryden er for tør, så tilsæt så meget vand som nødvendigt, så blandingen forbliver flydende.

På dette tidspunkt dækkes blomkålen med varmt vand, og når det koger, tilsæt pastaen.

Smag til med salt og peber.

Ernæring (for 100g):458 Kalorier 18g Fedt 65g Kulhydrater 9g Protein 746mg Natrium

Pasta e Fagioli med appelsin og fennikel

Forberedelsestid: 10 minutter

Madlavningstid: 30 minutter

Portioner: 5

Sværhedsgrad: Sværhedsgrad

Ingredienser:

- Ekstra jomfru olivenolie - 1 spsk. plus ekstra til servering
- Pancetta - 2 ounce, hakket fint
- Løg - 1, fint hakket
- Fennikel – 1 løg, stilke kasseret, løg halveret, udkernet og hakket fint
- Selleri - 1 ribben, hakket
- Hvidløg - 2 fed, hakket
- Ansjosfileter – 3, skyllet og hakket
- Hakket frisk oregano - 1 spsk.
- Revet appelsinskal - 2 tsk.
- Fennikelfrø - ½ tsk.
- Rød peberflager - ¼ tsk.
- Hakkede tomater - 1 dåse (28 ounce).
- Parmesanost – 1 svær plus mere til servering
- Cannellini bønner - 1 (7-ounce) dåser, skyllet
- Kyllingebouillon - 2 ½ kopper
- Vand - 2 ½ kopper
- Salt og peber

- Orzo - 1 kop
- Frisk hakket persille - ¼ kop

Rutevejledning:

Opvarm olie i en hollandsk ovn over medium varme. Tilsæt pancetta. Steg i 3 til 5 minutter eller indtil de begynder at blive brune. Rør selleri, fennikel og løg i og steg, indtil det er blødt (ca. 5 til 7 minutter).

Rør peberflager, fennikelfrø, appelsinskal, oregano, ansjoser og hvidløg i. Kog i 1 minut. Rør tomater og deres saft i. Rør parmesanost og bønner i.

Lad det simre og kog i 10 minutter. Rør vand, bouillon og 1 tsk. salt. Lad det koge ved høj varme. Rør pasta i og kog indtil al dente.

Fjern fra varmen og kassér parmesan skal.

Rør persille i og smag til med salt og peber. Hæld lidt olivenolie på og toppet med revet parmesan. Tjene.

Ernæring (for 100g):502 Kalorier 8,8g Fedt 72,2g Kulhydrater 34,9g Protein 693mg Natrium

Spaghetti al Limone

Forberedelsestid: 10 minutter

Madlavningstid: 15 minutter

Portioner: 6

Sværhedsgrad: Let

Ingredienser:

- Ekstra jomfru olivenolie - ½ kop
- Revet citronskal - 2 tsk.
- Citronsaft - 1/3 kop
- Hvidløg – 1 fed, hakket til paté
- Salt og peber
- Parmesanost - 2 ounce, revet
- Spaghetti - 1 pund
- Frisk revet basilikum - 6 spsk.

Rutevejledning:

I en skål piskes hvidløg, olie, citronskal, saft, ½ tsk. salt og ¼ tsk. peber. Rør parmesanen i og bland til det er cremet.

Imens koges pastaen efter pakkens anvisning. Dræn og reserver ½ kop kogevand. Tilsæt olieblandingen og basilikum til pastaen og rør for at kombinere. Krydr godt og rør kogevandet i efter behov. Tjene.

Ernæring (for 100g):398 Kalorier 20,7g Fedt 42,5g Kulhydrater 11,9g Protein 844mg Natrium

Krydret grøntsagscouscous

Forberedelsestid: 10 minutter

Madlavningstid: 20 minutter

Portioner: 6

Sværhedsgrad: Svært

Ingredienser:

- Blomkål – 1 hoved, skåret i 1-tommers buketter
- Ekstra jomfru olivenolie - 6 spsk. plus ekstra til servering
- Salt og peber
- Couscous - 1½ kop
- Zucchini - 1, skåret i ½ tomme stykker
- Rød peberfrugt - 1, stilket, frøet og skåret i ½ tomme stykker
- Hvidløg - 4 fed, hakket
- Ras el hanout - 2 tsk.
- Revet citronskal -1 tsk. plus citronbåde til servering
- Kyllingebouillon - 1 ¾ kopper
- Hakket frisk merian - 1 spsk.

Rutevejledning:

I en stegepande opvarmes 2 spsk. olie ved middel varme. Tilsæt blomkål, ¾ tsk. salt og ½ tsk. peber. Blande. Kog indtil buketter bliver brune og kanterne er lige gennemsigtige.

Fjern låget og kog under omrøring i 10 minutter, eller indtil buketter bliver gyldenbrune. Overfør til en skål og rengør stegepanden. Varm 2 spsk. olie i stegepanden.

Tilsæt couscousen. Kog og fortsæt med at røre i 3 til 5 minutter, eller indtil kornene lige er begyndt at blive brune. Overfør til en skål og rengør stegepanden. Varm de resterende 3 spsk. olie i gryden og tilsæt peberfrugt, zucchini og ½ tsk. salt. Kog i 8 minutter.

Rør citronskal, ras el hanout og hvidløg i. Kog indtil dufter (ca. 30 sekunder). Kom i bouillonen og lad det simre. Rør couscousen i. Træk fra varmen, og stil til side, indtil de er møre.

Tilsæt merian og blomkål; fnug derefter forsigtigt med en gaffel for at inkorporere. Dryp med ekstra olie og krydr godt. Server med citronbåde.

Ernæring (for 100g):787 Kalorier 18,3g Fedt 129,6g Kulhydrater 24,5g Protein 699mg Natrium

Krydret bagt ris med fennikel

Forberedelsestid: 10 minutter

Madlavningstid: 45 minutter

Portioner: 8

Sværhedsgrad: Gennemsnitlig

Ingredienser:

- Søde kartofler - 1 ½ pund, skrællet og skåret i 1-tommers stykker
- Ekstra jomfru olivenolie - ¼ kop
- Salt og peber
- Fennikel – 1 løg, hakket fint
- Lille løg - 1, fint hakket
- Langkornet hvide ris – 1 ½ kop, skyllet
- Hvidløg - 4 fed, hakket
- Ras el hanout - 2 tsk.
- Kyllingebouillon - 2 ¾ kopper
- Store, udstenede, saltlagede grønne oliven – ¾ kop, halveret
- Hakket frisk koriander - 2 spsk.
- Limebåde

Rutevejledning:

Placer ovnristen til midten og forvarm ovnen til 400F. Vend kartoflerne med ½ tsk. salt og 2 spsk. olie.

Læg kartoflerne i et enkelt lag i en bageplade med kant og steg i 25 til 30 minutter, eller indtil de er møre. Rør kartoflerne halvvejs gennem stegningen.

Træk kartoflerne ud og sænk ovntemperaturen til 350F. I en hollandsk ovn opvarmes de resterende 2 spsk. olie ved middel varme.

Tilsæt løg og fennikel; kog derefter i 5 til 7 minutter, eller indtil de er bløde. Rør ras el hanout, hvidløg og ris i. Steg under omrøring i 3 minutter.

Rør oliven og bouillon i og lad det stå i 10 minutter. Tilsæt kartoflerne til risene og luft dem forsigtigt med en gaffel for at kombinere dem. Smag til med salt og peber efter smag. Pynt med koriander og server med limebåde.

Ernæring (for 100g):207 kalorier 8,9 g Fedt 29,4 g Kulhydrater 3,9 g Protein 711 mg Natrium

Couscous i marokkansk stil med kikærter

Forberedelsestid: 5 minutter

Madlavningstid: 18 minutter

Portioner: 6

Sværhedsgrad: Gennemsnitlig

Ingredienser:

- Ekstra jomfru olivenolie – ¼ kop, ekstra til servering
- Couscous - 1½ kop
- Skrællede og hakkede fine gulerødder – 2
- finthakket løg - 1
- Salt og peber
- Hvidløg - 3 fed, hakket
- Kværnet koriander - 1 tsk.
- Malet ingefær - tsk.
- Malet anisfrø - ¼ tsk.
- Kyllingebouillon - 1 ¾ kopper
- Kikærter - 1 (15-ounce) dåse, skyllet
- Frosne ærter - 1 ½ kopper
- Hakket frisk persille eller koriander - ½ kop
- Citronbåde

Rutevejledning:

Varm 2 spsk. olie i en stegepande ved middel varme. Bland couscousen i og kog i 3 til 5 minutter, eller indtil den lige begynder at blive brun. Overfør til en skål og rengør stegepanden.

Varm de resterende 2 spsk. olie i stegepanden og tilsæt løg, gulerødder og 1 tsk. salt. Kog i 5 til 7 minutter. Rør anis, ingefær, koriander og hvidløg i. Kog indtil dufter (ca. 30 sekunder).

Kombiner kikærter og bouillon og lad det simre. Rør couscous og ærter i. Dæk til og tag af varmen. Stil til side, indtil couscousen er mør.

Tilsæt persillen til couscousen og fnug med en gaffel for at kombinere. Dryp med ekstra olie og krydr godt. Server med citronbåde.

Ernæring (for 100g):649 Kalorier 14,2g Fedt 102,8g Kulhydrater 30,1g Protein 812mg Natrium

Vegetarisk paella med grønne bønner og kikærter

Forberedelsestid: 10 minutter

Madlavningstid: 35 minutter

Portioner: 4

Sværhedsgrad: Let

Ingredienser:

- Knip safran
- Grøntsagsbouillon - 3 kopper
- Olivenolie - 1 spsk.
- Gult løg - 1 stort, skåret i tern
- Hvidløg - 4 fed, skåret i skiver
- Rød peberfrugt - 1, skåret i tern
- Knuste tomater – ¾ kop, friske eller dåse
- Tomatpuré - 2 spsk.
- Varm paprika - 1½ tsk.
- Salt - 1 tsk.
- Friskkværnet sort peber – ½ tsk.
- Grønne bønner – 1 ½ kop, trimmet og halveret
- Kikærter - 1 (15-ounce) dåse, drænet og skyllet
- Kortkornet hvide ris - 1 kop
- Citron - 1, skåret i tern

Rutevejledning:

Bland safranetrådene med 3 spsk. varmt vand i en lille skål. I en gryde koger du vandet ved middel varme. Skru ned for varmen og lad det simre.

Kog olien i en stegepande ved middel varme. Bland løget i og steg i 5 minutter. Tilsæt peberfrugt og hvidløg og steg i 7 minutter, eller indtil peberen er blød. Rør safran-vandblandingen, salt, peber, paprika, tomatpure og tomater i.

Tilsæt ris, kikærter og grønne bønner. Rør den varme bouillon i og bring det i kog. Sænk varmen og lad det simre uden låg i 20 minutter.

Serveres varm, pyntet med citronbåde.

Ernæring (for 100g):709 Kalorier 12g Fedt 121g Kulhydrater 33g Protein 633mg Natrium

Hvidløgsrejer med tomater og basilikum

Forberedelsestid: 10 minutter

Madlavningstid: 10 minutter

Portioner: 4

Sværhedsgrad: Let

Ingredienser:

- Olivenolie - 2 spsk.
- Rejer - 1 ¼ pounds, pillede og afveget
- Hvidløg - 3 fed, hakket
- Knust rød peberflager - 1/8 tsk.
- Tør hvidvin - ¾ kop
- Vindruetomater - 1 ½ kopper
- Finhakket frisk basilikum – ¼ kop, plus mere til pynt
- Salt - ¾ tsk.
- Kværnet sort peber - ½ tsk.

Rutevejledning:

I en stegepande opvarmes olien over medium-høj varme. Tilsæt rejerne og kog i 1 minut, eller indtil de netop er gennemstegte. Overfør til en tallerken.

Læg de røde peberflager og hvidløg til olien i gryden og kog under omrøring i 30 sekunder. Rør vinen i og kog, indtil den er reduceret til cirka det halve.

Tilsæt tomaterne og steg, indtil tomaterne begynder at nedbrydes (ca. 3 til 4 minutter). Rør de reserverede rejer, salt, peber og basilikum i. Kog i 1 til 2 minutter mere.

Server pyntet med den resterende basilikum.

Ernæring (for 100g):282 Kalorier 10g Fedt 7g Kulhydrater 33g Protein 593mg Natrium

Reje Paella

Forberedelsestid: 10 minutter

Madlavningstid: 25 minutter

Portioner: 4

Sværhedsgrad: Gennemsnitlig

Ingredienser:

- Olivenolie - 2 spsk.
- Mellemstor løg - 1, i tern
- Rød peberfrugt - 1, skåret i tern
- Hvidløg - 3 fed, hakket
- Knip safran
- Varm paprika - ¼ tsk.
- Salt - 1 tsk.
- Friskkværnet sort peber – ½ tsk.
- Kyllingebouillon - 3 kopper, delt
- Kortkornet hvide ris - 1 kop
- Pillede og udhulede store rejer - 1 pund
- Frosne ærter - 1 kop, optøet

Rutevejledning:

Varm olivenolie op i en gryde. Rør løg og peberfrugt i og steg i 6 minutter, eller indtil det er blødt. Tilsæt salt, peber, paprika, safran og hvidløg og bland. Rør 2 ½ kopper bouillon og ris i.

Lad blandingen koge, og lad derefter simre, indtil risene er kogte, cirka 12 minutter. Læg rejer og ærter over risene og tilsæt den resterende ½ kop bouillon.

Læg låget på panden igen, og steg, indtil alle rejer netop er gennemstegte (ca. 5 minutter). Tjene.

Ernæring (for 100g):409 Kalorier 10g Fedt 51g Kulhydrater 25g Protein 693mg Natrium

Linsesalat med oliven, mynte og feta

Forberedelsestid: 60 minutter

Madlavningstid: 60 minutter

Portioner: 6

Sværhedsgrad: Gennemsnitlig

Ingredienser:

- Salt og peber
- Franske linser – 1 kop, plukket og skyllet
- Hvidløg – 5 fed, knust let og pillet
- laurbærblad - 1
- Ekstra jomfru olivenolie - 5 spsk.
- Hvidvinseddike - 3 spsk.
- Udstenede Kalamata-oliven – ½ kop, hakket
- Hakket frisk mynte - ½ kop
- Skalotteløg - 1 stor, hakket
- Fetaost - 1 ounce, smuldret

Rutevejledning:

Tilsæt 4 kopper varmt vand og 1 tsk. salt i en skål. Tilsæt linserne og udblød dem ved stuetemperatur i 1 time. Dræn godt af.

Placer ovnristen til midten og opvarm ovnen til 325F. Kombiner linser, 4 dl vand, hvidløg, laurbærblad og ½ tsk. salt i en gryde. Dæk og stil gryden til ovnen, og kog i 40 til 60 minutter, eller indtil linserne er møre.

Dræn linserne godt, kassér hvidløg og laurbærblad. I en stor skål piskes olie og eddike sammen. Tilsæt skalotteløg, mynte, oliven og linser og vend det sammen.

Smag til med salt og peber efter smag. Læg pænt i serveringsfadet og pynt med feta. Tjene.

Ernæring (for 100g):249 Kalorier 14,3g Fedt 22,1g Kulhydrater 9,5g Protein 885mg Natrium

Kikærter med hvidløg og persille

Forberedelsestid: 5 minutter

Madlavningstid: 20 minutter

Portioner: 6

Sværhedsgrad: Gennemsnitlig

Ingredienser:

- Ekstra jomfru olivenolie - ¼ kop
- Hvidløg - 4 fed, skåret i tynde skiver
- Rød peberflager - 1/8 tsk.
- Løg - 1, hakket
- Salt og peber
- Kikærter - 2 (15-ounce) dåser, skyllet
- Kyllingebouillon - 1 kop
- Frisk hakket persille - 2 spsk.
- Citronsaft - 2 tsk.

Rutevejledning:

Tilsæt 3 spsk i en stegepande. olie og kog hvidløg og peberflager i 3 minutter. Rør løg og ¼ tsk. salt og kog i 5 til 7 minutter.

Bland kikærter og bouillon i og bring det i kog. Sænk varmen og lad det simre ved svag varme i 7 minutter, tildækket.

Afdæk og sæt varmen til høj og kog i 3 minutter, eller indtil al væske er fordampet. Stil til side og bland citronsaft og persille i.

Smag til med salt og peber efter smag. Dryp med 1 spsk. olie og server.

Ernæring (for 100g):611 Kalorier 17,6g Fedt 89,5g Kulhydrater 28,7g Protein 789mg Natrium

Stuvede kikærter med aubergine og tomater

Forberedelsestid: 10 minutter

Madlavningstid: 60 minutter

Portioner: 6

Sværhedsgrad: Let

Ingredienser:

- Ekstra jomfru olivenolie - ¼ kop
- Løg - 2, hakket
- Grøn peberfrugt - 1, finthakket
- Salt og peber
- Hvidløg - 3 fed, hakket
- Hakket frisk oregano - 1 spsk.
- laurbærblade - 2
- Aubergine - 1 pund, skåret i 1-tommers stykker
- Hele flåede tomater – 1 dåse, drænet med saft reserveret, hakket
- Kikærter - 2 (15-ounce) dåser, drænet med 1 kop væske reserveret

Rutevejledning:

Placer ovnristen på den nederste midterste del og opvarm ovnen til 400F. Varm olie op i den hollandske ovn. Tilsæt peberfrugt, løg, ½ tsk. salt og ¼ tsk. peber. Steg under omrøring i 5 minutter.

Rør 1 tsk. oregano, hvidløg og laurbærblade og kog i 30 sekunder. Rør tomater, aubergine, reserveret juice, kikærter og reserveret væske i og bring det i kog. Overfør gryden til ovnen og kog uden låg i 45 til 60 minutter. Omrøring to gange.

Kassér laurbærbladene. Rør de resterende 2 tsk. oregano og smag til med salt og peber. Tjene.

Ernæring (for 100g):642 Kalorier 17,3g Fedt 93,8g Kulhydrater 29,3g Protein 983mg Natrium

Græsk citronris

Forberedelsestid: 20 minutter

Madlavningstid: 45 minutter

Portioner: 6

Sværhedsgrad: Gennemsnitlig

Ingredienser:

- Langkornet ris - 2 kopper, ukogte (udblødt i koldt vand i 20 minutter, derefter drænet)
- Ekstra jomfru olivenolie - 3 spsk.
- Gult løg - 1 medium, hakket
- Hvidløg - 1 fed, hakket
- Orzo pasta - ½ kop
- Saft af 2 citroner plus skal af 1 citron
- Lavt natrium bouillon - 2 kopper
- Knib salt
- Hakket persille – 1 stor håndfuld
- Dildukrudt - 1 tsk.

Rutevejledning:

I en gryde varmes 3 spsk. ekstra jomfru oliven olie. Tilsæt løgene og steg dem i 3 til 4 minutter. Tilsæt orzo-pastaen og hvidløget og rør rundt for at blande.

Smid derefter risene i, så de bliver overtrukket. Tilsæt bouillon og citronsaft. Bring i kog og sænk varmen. Dæk til og kog i cirka 20 minutter.

Fjern fra varmen. Dæk til og stil til side i 10 minutter. Afdæk og rør citronskal, dild og persille i. Tjene.

Ernæring (for 100g):145 kalorier 6,9 g Fedt 18,3 g Kulhydrater 3,3 g Protein 893 mg Natrium

Hvidløg-urteris

Forberedelsestid: 10 minutter

Madlavningstid: 30 minutter

Portioner: 4

Sværhedsgrad: Let

Ingredienser:

- Ekstra jomfru olivenolie - ½ kop, delt
- Store fed hvidløg – 5, hakket
- Brune jasminris - 2 kopper
- Vand - 4 kopper
- Havsalt - 1 tsk.
- sort peber - 1 tsk.
- Hakket frisk purløg – 3 spsk.
- Frisk hakket persille - 2 spsk.
- Hakket frisk basilikum - 1 spsk.

Rutevejledning:

Tilsæt ¼ kop olivenolie, hvidløg og ris i en gryde. Rør rundt og varm op ved middel varme. Rør vand, havsalt og sort peber i. Dernæst blandes igen.

Bring i kog og sænk varmen. Lad det simre uden låg, under omrøring af og til.

Når vandet næsten er absorberet, blandes den resterende ¼ kop olivenolie sammen med basilikum, persille og purløg.

Rør indtil krydderurterne er inkorporeret og alt vandet er absorberet.

Ernæring (for 100g):304 kalorier 25,8 g fedt 19,3 g kulhydrat 2 g protein 874 mg natrium

Middelhavsrissalat

Forberedelsestid: 10 minutter

Madlavningstid: 25 minutter

Portioner: 4

Sværhedsgrad: Gennemsnitlig

Ingredienser:

- Ekstra jomfru olivenolie - ½ kop, delt
- Langkornet brune ris - 1 kop
- Vand - 2 kopper
- Frisk citronsaft - ¼ kop
- Fed hvidløg - 1, hakket
- Hakket frisk rosmarin - 1 tsk.
- Hakket frisk mynte - 1 tsk.
- Belgisk endive – 3 hakket
- Rød peberfrugt - 1 medium, hakket
- Hothouse agurk - 1, hakket
- Hakket hele grønne løg - ½ kop
- Hakkede Kalamata-oliven – ½ kop
- Rød peberflager - ¼ tsk.
- Smuldret fetaost - ¾ kop
- Havsalt og sort peber

Rutevejledning:

Opvarm ¼ kop olivenolie, ris og en knivspids salt i en gryde ved lav varme. Rør for at dække risene. Tilsæt vandet og lad det simre, indtil vandet er absorberet. Rør af og til. Hæld risene i en stor skål og afkøl.

I en anden skål blandes den resterende ¼ kop olivenolie, rød peberflager, oliven, grønne løg, agurk, peberfrugt, endiver, mynte, rosmarin, hvidløg og citronsaft sammen.

Læg risene i blandingen og vend dem sammen. Bland forsigtigt fetaosten i.

Smag til og juster krydringen. Tjene.

Ernæring (for 100g):415 kalorier 34g Fedt 28,3g Kulhydrater 7g Protein 4755mg Natrium

Frisk bønne- og tunsalat

Forberedelsestid: 5 minutter

Madlavningstid: 20 minutter

Portioner: 6

Sværhedsgrad: Let

Ingredienser:

- Afskallede friske bønner – 2 kopper
- laurbærblade - 2
- Ekstra jomfru olivenolie - 3 spsk.
- Rødvinseddike - 1 spsk.
- Salt og sort peber
- Tunfisk af bedste kvalitet - 1 dåse (6-ounce) pakket i olivenolie
- Salte kapers - 1 spsk. udblødt og tørret
- Finhakket fladbladet persille – 2 spsk.
- Rødløg - 1, skåret i skiver

Rutevejledning:

Kog letsaltet vand i en gryde. Tilsæt bønner og laurbærblade; kog derefter i 15 til 20 minutter, eller indtil bønnerne er møre, men stadig faste. Dræn, kassér aromater, og overfør til en skål.

Smør straks bønnerne med eddike og olie. Tilsæt salt og sort peber. Bland godt og juster krydderier. Dræn tunen, og flager tunkødet i bønnesalaten. Tilsæt persille og kapers. Rør for at blande og fordel rødløgskiverne over toppen. Tjene.

Ernæring (for 100g):85 kalorier 7,1 g fedt 4,7 g kulhydrater 1,8 g protein 863 mg natrium

Lækker kyllingepasta

Forberedelsestid: 10 minutter

Madlavningstid: 17 minutter

Portioner: 4

Sværhedsgrad: Let

Ingredienser:

- 3 kyllingebryst, uden skind, uden ben, skåret i stykker
- 9 oz fuldkornspasta
- 1/2 kop oliven, skåret i skiver
- 1/2 kop soltørrede tomater
- 1 spsk ristet rød peberfrugt, hakket
- 14 oz dåse tomat, i tern
- 2 kopper marinara sauce
- 1 kop hønsebouillon
- Peber
- Salt

Rutevejledning:

Rør alle ingredienser undtagen fuldkornspasta i instant-gryden.

Luk låget og kog ved høj varme i 12 minutter.

Når det er gjort, lad det frigive trykket naturligt. Fjern låget.

Tilsæt pasta og rør godt rundt. Luk gryden igen og vælg manuel og indstil timeren til 5 minutter.

Når du er færdig, slip trykket i 5 minutter og slip derefter det resterende ved hjælp af hurtig udløsning. Fjern låget. Rør godt rundt og server.

Ernæring (for 100g):615 kalorier 15,4 g Fedt 71 g Kulhydrater 48 g Protein 631 mg Natrium

Smag Taco Risskål

Forberedelsestid: 10 minutter

Madlavningstid: 14 minutter

Portioner: 8

Sværhedsgrad: Gennemsnitlig

Ingredienser:

- 1 lb. hakket oksekød
- 8 oz cheddarost, revet
- 14 oz dåse røde bønner
- 2 oz tacokrydderi
- 16 oz salsa
- 2 kopper vand
- 2 kopper brune ris
- Peber
- Salt

Rutevejledning:

Sæt øjeblikkelig gryde på sauté-tilstand.

Kom kødet i gryden og sauter indtil brunt.

Tilsæt vand, bønner, ris, tacokrydderi, peber og salt og rør godt.

Top med salsa. Luk låget og kog ved høj varme i 14 minutter.

Når det er gjort, skal du slippe trykket ved hjælp af quick release. Fjern låget.

Bland cheddarosten i og rør indtil osten er smeltet.

Server og nyd.

Ernæring (for 100g):464 Kalorier 15,3g Fedt 48,9g Kulhydrater 32,2g Protein 612mg Natrium

Velsmagende Mac & Cheese

Forberedelsestid: 10 minutter

Madlavningstid: 10 minutter

Portioner: 6

Sværhedsgrad: Let

Ingredienser:

- 16 oz fuldkorns albuepasta
- 4 kopper vand
- 1 kop dåse tomat i tern
- 1 tsk hvidløg, hakket
- 2 spsk olivenolie
- 1/4 kop grønne løg, hakket
- 1/2 kop parmesanost, revet
- 1/2 kop mozzarellaost, revet
- 1 kop cheddarost, revet
- 1/4 kop passata
- 1 kop usødet mandelmælk
- 1 kop marineret artiskok, skåret i tern
- 1/2 kop soltørrede tomater, skåret i skiver
- 1/2 kop oliven, skåret i skiver
- 1 tsk salt

Rutevejledning:

Tilsæt pasta, vand, tomater, hvidløg, olie og salt i gryden og rør godt. Dæk låg og kog på høj.

Når det er gjort, skal du slippe trykket i et par minutter og derefter slippe det resterende ved hjælp af hurtig afladning. Fjern låget.

Sæt gryden på sautertilstand. Tilsæt grønt løg, parmesanost, mozzarellaost, cheddarost, passata, mandelmælk, artiskok, soltørrede tomater og oliven. Bland godt.

Rør godt rundt og kog indtil osten er smeltet.

Server og nyd.

Ernæring (for 100g):519 Kalorier 17,1g Fedt 66,5g Kulhydrater 25g Protein 588mg Natrium

Agurk Oliven Ris

Forberedelsestid: 10 minutter

Madlavningstid: 10 minutter

Portioner: 8

Sværhedsgrad: Gennemsnitlig

Ingredienser:

- 2 kopper ris, skyllet
- 1/2 kop oliven, udstenede
- 1 kop agurk, hakket
- 1 spsk rødvinseddike
- 1 tsk citronskal, revet
- 1 spsk frisk citronsaft
- 2 spsk olivenolie
- 2 dl grøntsagsbouillon
- 1/2 tsk tørret oregano
- 1 rød peberfrugt, hakket
- 1/2 kop løg, hakket
- 1 spsk olivenolie
- Peber
- Salt

Rutevejledning:

Tilsæt olie i den inderste gryde i instant-gryden, og vælg gryden på sauté-tilstand. Tilsæt løg og svits i 3 minutter. Tilsæt peberfrugt og oregano og sauter i 1 minut.

Tilsæt ris og bouillon og rør godt. Luk låget og kog ved høj varme i 6 minutter. Når det er færdigt, lad trykudløsning i 10 minutter og slip derefter de resterende ved hjælp af hurtigudløser. Fjern låget.

Tilsæt de resterende ingredienser og rør det hele godt sammen. Server straks og nyd det.

Ernæring (for 100g):229 Kalorier 5.1g Fedt 40.2g Kulhydrater 4.9g Protein 210mg Natrium

Smagsstoffer Herb Risotto

Forberedelsestid: 10 minutter

Madlavningstid: 15 minutter

Portioner: 4

Sværhedsgrad: Gennemsnitlig

Ingredienser:

- 2 kopper ris
- 2 spsk parmesanost, revet
- 3,5 oz tung fløde
- 1 spsk frisk oregano, hakket
- 1 spsk frisk basilikum, hakket
- 1/2 spsk salvie, hakket
- 1 løg, hakket
- 2 spsk olivenolie
- 1 tsk hvidløg, hakket
- 4 kopper grøntsagsfond
- Peber
- Salt

Rutevejledning:

Tilsæt olie i den indre beholder af instant-gryden, og klik på sauté-tilstand. Tilsæt hvidløg og løg i den inderste gryde i instant-gryden, og tryk gryden på sauté-tilstand. Tilsæt hvidløg og løg og svits i 2-3 minutter.

Tilsæt de resterende ingredienser undtagen parmesanost og fløde og rør godt. Luk låget og kog ved høj temperatur i 12 minutter.

Når det er gjort, aflades trykket i 10 minutter, og slip derefter det resterende ved hjælp af quick release. Fjern låget. Rør fløde og ost i og server.

Ernæring (for 100g):514 Kalorier 17,6g Fedt 79,4g Kulhydrater 8,8g Protein 488mg Natrium

Lækker Pasta Primavera

Forberedelsestid: 10 minutter

Madlavningstid: 4 minutter

Portioner: 4

Sværhedsgrad: Let

Ingredienser:

- 8 oz fuldkorns penne pasta
- 1 spsk frisk citronsaft
- 2 spsk frisk persille, hakket
- 1/4 kop mandler skåret i skiver
- 1/4 kop parmesanost, revet
- 14 oz dåse tomat, i tern
- 1/2 kop svesker
- 1/2 kop zucchini, hakket
- 1/2 kop asparges
- 1/2 kop gulerødder, hakket
- 1/2 kop broccoli, hakket
- 1 3/4 dl grøntsagsfond
- Peber
- Salt

Rutevejledning:

Tilsæt bouillon, pars, tomater, svesker, zucchini, asparges, gulerødder og broccoli i gryden og rør godt. Luk og kog på høj i 4 minutter. Når det er gjort, skal du slippe trykket ved hjælp af quick release. Tag låget ud. Rør de resterende ingredienser godt og server.

Ernæring (for 100g):303 Kalorier 2,6g Fedt 63,5g Kulhydrater 12,8g Protein 918mg Natrium

Brændt peberpasta

Forberedelsestid: 10 minutter

Madlavningstid: 13 minutter

Portioner: 6

Sværhedsgrad: Gennemsnitlig

Ingredienser:

- 1 lb. fuldkornspasta
- 1 spsk italiensk krydderi
- 4 kopper grøntsagsbouillon
- 1 spsk hvidløg, hakket
- 1/2 løg, hakket
- 14 oz krukke ristede røde peberfrugter
- 1 kop fetaost, smuldret
- 1 spsk olivenolie
- Peber
- Salt

Rutevejledning:

Tilsæt ristet peber i blenderen og blend til det er glat. Tilsæt olie i den inderste gryde i instant-gryden og sæt kanden på sauté-tilstand. Tilsæt hvidløg og løg den inderste kop af instant pot og sæt gryden på sauter. Tilsæt hvidløg og løg og svits i 2-3 minutter.

Tilsæt blandet ristet peber og sauter i 2 minutter.

Tilsæt de resterende ingredienser undtagen fetaost og rør godt rundt. Luk den tæt og kog ved høj i 8 minutter. Når du er færdig, slip trykket naturligt i 5 minutter og frigør derefter det resterende ved hjælp af quick release. Fjern låget. Top med fetaost og server.

Ernæring (for 100g):459 Kalorier 10,6 g Fedt 68,1 g Kulhydrater 21,3 g Protein 724 mg Natrium

Ost Basilikum Tomat Ris

Forberedelsestid: 10 minutter

Madlavningstid: 26 minutter

Portioner: 8

Sværhedsgrad: Gennemsnitlig

Ingredienser:

- 1 1/2 dl brune ris
- 1 kop parmesanost, revet
- 1/4 kop frisk basilikum, hakket
- 2 kopper vindruetomater, halveret
- 8 oz dåse tomatsauce
- 1 3/4 kop grøntsagsbouillon
- 1 spsk hvidløg, hakket
- 1/2 kop løg, i tern
- 1 spsk olivenolie
- Peber
- Salt

Rutevejledning:

Tilsæt olie i det inderste bassin i instant-gryden og vælg gryden til sauter. Sæt hvidløg og løg i den inderste beholder af instant-gryden og sæt den på sautermåde. Bland hvidløg og løg i og svits i 4 minutter. Tilsæt ris, tomatsauce, bouillon, peber og salt og rør godt.

Luk den og kog ved høj i 22 minutter.

Når den er færdig, lad den slippe trykket i 10 minutter og slip derefter de resterende ved hjælp af hurtigudløser. Fjern hætten. Rør de resterende ingredienser i og bland. Server og nyd.

Ernæring (for 100g):208 kalorier 5,6 g fedt 32,1 g kulhydrater 8,3 g protein 863 mg natrium

Mac og ost

Forberedelsestid: 10 minutter

Madlavningstid: 4 minutter

Portioner: 8

Sværhedsgrad: Let

Ingredienser:

- 1 lb. fuldkornspasta
- 1/2 kop parmesanost, revet
- 4 kopper cheddarost, revet
- 1 kop mælk
- 1/4 tsk hvidløgspulver
- 1/2 tsk stødt sennep
- 2 spsk olivenolie
- 4 kopper vand
- Peber
- Salt

Rutevejledning:

Tilsæt pasta, hvidløgspulver, sennep, olie, vand, peber og salt i gryden. Forsegl tæt og kog ved høj varme i 4 minutter. Når du er færdig, skal du slippe trykket ved hjælp af quick release. Åbn låget. Kom de resterende ingredienser i og rør godt rundt og server.

Ernæring (for 100g):509 Kalorier 25,7 g Fedt 43,8 g Kulhydrater 27,3 g Protein 766 mg Natrium

Tun Pasta

Forberedelsestid: 10 minutter

Madlavningstid: 8 minutter

Portioner: 6

Sværhedsgrad: Gennemsnitlig

Ingredienser:

- 10 oz dåse tun, drænet
- 15 oz fuldhvede rotini pasta
- 4 oz mozzarellaost, i tern
- 1/2 kop parmesanost, revet
- 1 tsk tørret basilikum
- 14 oz dåse tomat
- 4 kopper grøntsagsbouillon
- 1 spsk hvidløg, hakket
- 8 oz svampe, skåret i skiver
- 2 zucchinier, skåret i skiver
- 1 løg, hakket
- 2 spsk olivenolie
- Peber
- Salt

Rutevejledning:

Hæld olie i instantgrydens inderste gryde og tryk gryden på sauter. Tilsæt champignon, zucchini og løg og sauter indtil løget er blødt. Tilsæt hvidløg og svits i et minut.

Tilsæt pasta, basilikum, tun, tomater og bouillon og rør godt. Luk og kog på høj i 4 minutter. Når du er færdig, slip trykket i 5 minutter og frigør derefter det resterende ved hjælp af quick release. Fjern låget. Tilsæt de resterende ingredienser og rør godt rundt og server.

Ernæring (for 100g):346 Kalorier 11,9 g Fedt 31,3 g Kulhydrater 6,3 g Protein 830 mg Natrium

Avocado og kalkun mix Panini

Forberedelsestid: 5 minutter

Madlavningstid: 8 minutter

Portioner: 2

Sværhedsgrad: Let

Ingredienser:

- 2 røde peberfrugter, ristet og skåret i strimler
- ¼ lb. tynde skiver mesquite røget kalkunbryst
- 1 kop hele friske spinatblade, delt
- 2 skiver provolone ost
- 1 spsk olivenolie, delt
- 2 ciabatta ruller
- ¼ kop mayonnaise
- ½ moden avocado

Rutevejledning:

I en skål maser du mayonnaise og avocado grundigt sammen. Forvarm derefter Panini-pressen.

Hak rundstykkerne i halve og fordel olivenolie på indersiden af brødet. Fyld det derefter med fyld, læg dem i lag efterhånden: provolone, kalkunbryst, ristet rød peber, spinatblade og fordel avocadoblandingen og dæk med den anden brødskive.

Placer sandwich i Panini-pressen og grill i 5 til 8 minutter, indtil osten er smeltet og brødet er sprødt og rillet.

Ernæring (for 100g):546 Kalorier 34,8g Fedt 31,9g Kulhydrater 27,8g Protein 582mg Natrium

Agurk, kylling og mango wrap

Forberedelsestid: 5 minutter

Madlavningstid: 20 minutter

Portioner: 1

Sværhedsgrad: Svært

Ingredienser:

- ½ af en mellemstor agurk skåret på langs
- ½ moden mango
- 1 spsk valgfri salatdressing
- 1 fuldkornstortilla wrap
- 1-tommer tykt stykke kyllingebryst omkring 6-tommer i længden
- 2 spsk olie til stegning
- 2 spsk fuldkornshvedemel
- 2 til 4 salatblade
- Salt og peber efter smag

Rutevejledning:

Skær et kyllingebryst i 1-tommers strimler og kog blot i alt 6-tommers strimler. Det ville være som to strimler kylling. Opbevar den resterende kylling til fremtidig brug.

Krydr kyllingen med peber og salt. Drys i fuldkornshvedemel.

På medium ild placeres en lille stegepande med nonstick og opvarme olie. Når olien er varm, tilsæt kyllingestrimler og steg indtil de er gyldenbrune omkring 5 minutter på hver side.

Mens kyllingen koger, placer tortilla wraps i ovnen og kog i 3 til 5 minutter. Stil derefter til side og overfør i en tallerken.

Skær agurken i skiver på langs, brug kun ½ af den og gem den resterende agurk. Skræl agurken skåret i kvarte, og fjern marven. Placer de to skiver agurk på tortilla wrap, 1-tommer væk fra kanten.

Skær mango i skiver og gem den anden halvdel med frø. Skræl mangoen uden kerner, skær den i strimler og læg oven på agurken på tortillawrap.

Når kyllingen er kogt, læg kyllingen ved siden af agurken på en linje.

Tilsæt agurkblad, dryp med valgfri salatdressing.

Rul tortillawrap, server og nyd.

Ernæring (for 100g):434 Kalorier 10g Fedt 65g Kulhydrater 21g Protein 691mg Natrium

Fattoush – Mellemøstenbrød

Forberedelsestid: 10 minutter

Madlavningstid: 15 minutter

Portioner: 6

Sværhedsgrad: Svært

Ingredienser:

- 2 brød pitabrød
- 1 spsk ekstra jomfru olivenolie
- 1/2 tsk sumac, mere til senere
- Salt og peber
- 1 hjerte af romainesalat
- 1 engelsk agurk
- 5 roma tomater
- 5 grønne løg
- 5 radiser
- 2 kopper hakket frisk persilleblade
- 1 kop hakkede friske mynteblade
- Dressing ingredienser:
- 1 1/2 lime, saft af
- 1/3 kop ekstra jomfru olivenolie
- Salt og peber
- 1 tsk stødt sumac
- 1/4 tsk stødt kanel
- sparsom 1/4 tsk stødt allehånde

Rutevejledning:

Rist pitabrødet i toasterovnen i 5 minutter. Og brække så pitabrødet i stykker.

Opvarm 3 spsk olivenolie i en stor gryde på medium ild i 3 minutter. Tilsæt pitabrød og steg, indtil de er brune, ca. 4 minutter, mens du vender rundt.

Tilsæt salt, peber og 1/2 tsk sumac. Sæt pitachipsene til side fra varmen og læg dem i køkkenrulle til afdrypning.

Vend den hakkede salat, agurk, tomater, grønne løg, radise i skiver, mynteblade og persille godt i en stor salatskål.

For at lave limevinaigretten piskes alle ingredienser sammen i en lille skål.

Rør dressingen i salaten og vend godt rundt. Bland pitabrødet i.

Server og nyd.

Ernæring (for 100g):192 Kalorier 13,8 g Fedt 16,1 g Kulhydrater 3,9 g Protein 655 mg Natrium

Hvidløg og tomat Glutenfri Focaccia

Forberedelsestid: 5 minutter

Madlavningstid: 20 minutter

Portioner: 8

Sværhedsgrad: Svært

Ingredienser:

- 1 æg
- ½ tsk citronsaft
- 1 spsk honning
- 4 spsk olivenolie
- En knivspids sukker
- 1 ¼ kop varmt vand
- 1 spsk aktiv tørgær
- 2 tsk rosmarin, hakket
- 2 tsk timian, hakket
- 2 tsk basilikum, hakket
- 2 fed hvidløg, hakket
- 1 ¼ tsk havsalt
- 2 tsk xanthangummi
- ½ kop hirsemel
- 1 kop kartoffelstivelse, ikke mel
- 1 kop sorghum mel
- Glutenfri majsmel til afstøvning

Rutevejledning:

Tænd ovnen i 5 minutter og sluk den derefter, mens du holder ovnlågen lukket.

Bland varmt vand og en knivspids sukker. Tilsæt gær og rør forsigtigt rundt. Lad stå i 7 minutter.

I en stor røreskål piskes urter, hvidløg, salt, xanthangummi, stivelse og mel godt sammen. Når gæren er hævet, hældes den i en skål med mel. Pisk æg, citronsaft, honning og olivenolie i.

Bland grundigt og kom i en velsmurt firkantet pande, drysset med majsmel. Top med frisk hvidløg, flere krydderurter og skivede tomater. Sæt den i den forvarmede ovn og lad den hæve i en halv time.

Tænd ovnen på 375oF og efter forvarmningstid i 20 minutter. Focaccia er færdig, når toppen er let brunet. Tag straks ud af ovnen og panden og lad det køle af. Serveres bedst, når den er varm.

Ernæring (for 100g):251 Kalorier 9 g Fedt 38,4 g Kulhydrater 5,4 g Protein 366 mg Natrium

Grillede burgere med svampe

Forberedelsestid: 15 minutter

Madlavningstid: 10 minutter

Portioner: 4

Sværhedsgrad: Gennemsnitlig

Ingredienser:

- 2 Bibb-salat, halveret
- 4 skiver rødløg
- 4 skiver tomat
- 4 fuldkornsboller, ristede
- 2 spsk olivenolie
- ¼ tsk cayennepeber, valgfri
- 1 fed hvidløg, hakket
- 1 spsk sukker
- ½ kop vand
- 1/3 kop balsamicoeddike
- 4 store Portobello-svampehætter, omkring 5 tommer i diameter

Rutevejledning:

Fjern stilke fra svampe og rengør med en fugtig klud. Overfør til en ovnfast fad med gællesiden opad.

Bland grundigt olivenolie, cayennepeber, hvidløg, sukker, vand og eddike i en skål. Hæld svampe over og mariner svampe i ref i mindst en time.

Når den ene time er næsten gået, forvarm grillen til medium høj ild og smør grillristen.

Grill svampe i fem minutter på hver side, eller indtil de er møre. Drys svampe med marinade, så de ikke tørrer ud.

For at samle, læg ½ brødbolle på en tallerken, top med en skive løg, champignon, tomat og et salatblad. Dæk med den anden øverste halvdel af bollen. Gentag processen med de resterende ingredienser, server og nyd.

Ernæring (for 100g):244 Kalorier 9,3 g Fedt 32 g Kulhydrater 8,1 g Protein 693 mg Natrium

Middelhavet Baba Ghanoush

Forberedelsestid: 10 minutter

Madlavningstid: 25 minutter

Portioner: 4

Sværhedsgrad: Gennemsnitlig

Ingredienser:

- 1 hvidløgsløg
- 1 rød peberfrugt, halveret og kernet
- 1 spsk hakket frisk basilikum
- 1 spsk olivenolie
- 1 tsk sort peber
- 2 auberginer, skåret på langs
- 2 omgange fladbrød eller pita
- Saft af 1 citron

Rutevejledning:

Pensl grillristen med madlavningsspray og forvarm grillen til medium høj.

Skær toppen af hvidløgsløget i skiver og pak dem ind i folie. Placer i den køligere del af grillen og steg i mindst 20 minutter. Læg peberfrugt og auberginesskiver på den varmeste del af grillen. Grill til begge sider.

Når løgene er færdige, skal du skrælle skindet af ristet hvidløg og lægge pillede hvidløg i en foodprocessor. Tilsæt olivenolie, peber, basilikum, citronsaft, grillet rød peberfrugt og grillet aubergine. Purér og hæld i en skål.

Grill brødet i mindst 30 sekunder på hver side for at blive varmt. Server brød med den purerede dip og nyd.

Ernæring (for 100g):231,6 Kalorier 4,8 g Fedt 36,3 g Kulhydrater 6,3 g Protein 593 mg Natrium

Multi korn & glutenfri middagsruller

Forberedelsestid: 10 minutter

Madlavningstid: 20 minutter

Portioner: 8

Sværhedsgrad: Gennemsnitlig

Ingredienser:

- ½ tsk æblecidereddike
- 3 spsk olivenolie
- 2 æg
- 1 tsk bagepulver
- 1 tsk salt
- 2 tsk xanthangummi
- ½ kop tapiokastivelse
- ¼ kop brunt teff-mel
- ¼ kop hørmel
- ¼ kop amarantmel
- ¼ kop sorghum mel
- ¾ kop brunt rismel

Rutevejledning:

Bland godt vand og honning i en lille skål og tilsæt gær. Lad det stå i præcis 10 minutter.

Kombiner følgende med en røremaskine: bagepulver, salt, xanthangummi, hørmel, sorghummel, teffmel, tapiokastivelse, amarantmel og brunt rismel.

I en mellemstor skål piskes eddike, olivenolie og æg godt sammen.

Hæld eddike og gærblanding i en skål med tørre ingredienser og bland godt.

Smør en 12-muffinform med madlavningsspray. Kom dejen jævnt over i 12 muffinsforme og lad den hæve i en time.

Forvarm derefter ovnen til 375oF og bag middagsruller, indtil toppene er gyldenbrune, omkring 20 minutter.

Tag middagsrullerne ud af ovnen og muffinsforme med det samme og lad det køle af.

Serveres bedst, når den er varm.

Ernæring (for 100g):207 kalorier 8,3 g fedt 27,8 g kulhydrater 4,6 g protein 844 mg natrium

Seafood Linguine

Forberedelsestid: 10 minutter

Madlavningstid: 35 minutter

Portioner: 2

Sværhedsgrad: Svært

Ingredienser:

- 2 fed hvidløg, hakket
- 4 Uns Linguine, Fuld hvede
- 1 spiseskefuld olivenolie
- 14 ounce tomater, dåse og i tern
- 1/2 spiseskefuld skalotteløg, hakket
- 1/4 kop hvidvin
- Havsalt og sort peber efter smag
- 6 Cherrystone Muslinger, renset
- 4 Ounces Tilapia, skåret i 1 tomme strimler
- 4 ounces tørre havmuslinger
- 1/8 kop parmesanost, revet
- 1/2 tsk merian, hakket og frisk

Rutevejledning:

Kog vandet i en gryde, og kog derefter pastaen, indtil den er mør, hvilket bør tage cirka otte minutter. Dræn og skyl derefter din pasta.

Opvarm din olie ved hjælp af en stor stegepande over medium varme, og når din olie er varm røres hvidløg og skalotteløg i. Kog i et minut, og rør ofte.

Øg varmen til medium-høj, før du tilsætter salt, vin, peber og tomater, og bring det til at simre. Kog i et minut mere.

Tilføj derefter dine muslinger, dæk til og kog i yderligere to minutter.

Rør derefter din merian, kammuslinger og fisk i. Fortsæt med at lave mad, indtil fisken er gennemstegt, og dine muslinger har åbnet sig. Dette vil tage op til fem minutter, og slippe af med muslinger, der ikke åbner sig.

Hæld saucen og dine muslinger over pastaen, drys med parmesan og merian før servering. Serveres varm.

Ernæring (for 100g):329 kalorier 12 g fedt 10 g kulhydrater 33 g protein 836 mg natrium

Ginger rejer & tomat Relish

Forberedelsestid: 10 minutter

Madlavningstid: 15 minutter

Portioner: 2

Sværhedsgrad: Svært

Ingredienser:

- 1 1/2 spsk vegetabilsk olie
- 1 fed hvidløg, hakket
- 10 rejer, ekstra store, pillede og haler tilbage
- 3/4 spiseskefulde finger, revet og skrællet
- 1 grønne tomater, halveret
- 2 blommetomater, halveret
- 1 spsk limesaft, frisk
- 1/2 tsk sukker
- 1/2 spiseskefuld Jalapeno med frø, frisk og hakket
- 1/2 spsk basilikum, frisk og hakket
- 1/2 spsk koriander, hakket og frisk
- 10 spyd
- Havsalt og sort peber efter smag

Rutevejledning:

Dyp dine spyd i en gryde med vand i mindst en halv time.

Rør dit hvidløg og ingefær sammen i en skål, overfør halvdelen til en større skål og rør det med to spiseskefulde af din olie. Tilsæt rejerne, og sørg for, at de er godt belagte.

Dæk den til og sæt den i køleskabet i mindst en halv time, og lad den derefter stå på køl.

Varm din grill op, og smør ristene let med olie. Tag en skål frem og smid dine blomme og grønne tomater med den resterende spiseskefuld olie, krydr med salt og peber.

Grill dine tomater med snitsiden opad, og skindet skal være forkullet. Kødet af din tomat skal være mørt, hvilket vil tage omkring fire til seks minutter for blommetomaten og omkring ti minutter for den grønne tomat.

Fjern skindet, når tomaterne er kølige nok til at håndtere, og kassér derefter frøene. Hak tomatkødet fint, tilsæt det til den reserverede ingefær og hvidløg. Tilsæt sukker, jalapeno, limesaft og basilikum.

Krydr dine rejer med salt og peber. Træk dem på spyddene, og grill dem, indtil de bliver uigennemsigtige, hvilket er cirka to minutter på hver side. Læg rejerne på et fad med din smag og nyd.

Ernæring (for 100g):391 kalorier 13 g fedt 11 g kulhydrater 34 g protein 693 mg natrium

Rejer & Pasta

Forberedelsestid: 10 minutter

Madlavningstid: 10 minutter

Portioner: 2

Sværhedsgrad: Gennemsnitlig

Ingredienser:

- 2 kopper Angel Hair Pasta, kogt
- 1/2 lb. Medium rejer, pillede
- 1 fed hvidløg, hakket
- 1 kop tomat, hakket
- 1 tsk olivenolie
- 1/6 kop Kalamata oliven, udstenede og hakkede
- 1/8 kop basilikum, frisk og tyndskåret
- 1 spsk kapers, drænet
- 1/8 kop fetaost, smuldret
- Dash sort peber

Rutevejledning:

Kog din pasta efter pakkens anvisninger, og opvarm derefter din olivenolie i en stegepande ved hjælp af medium-høj varme. Kog dine hvidløg i et halvt minut, og tilsæt derefter dine rejer. Sauter i et minut mere.

Tilsæt din basilikum og tomat, og reducer derefter varmen, så den kan simre i tre minutter. Din tomat skal være mør.

Rør dine oliven og kapers i. Tilsæt en sjat sort peber, og kombiner din rejeblanding og pasta til servering. Top med ost inden servering lun.

Ernæring (for 100g):357 kalorier 11 g fedt 9 g kulhydrater 30 g protein 871 mg natrium

Pocheret torsk

Forberedelsestid: 10 minutter

Madlavningstid: 25 minutter

Portioner: 2

Sværhedsgrad: Gennemsnitlig

Ingredienser:

- 2 Torskefileter, 6 Uns
- Havsalt og sort peber efter smag
- 1/4 kop tør hvidvin
- 1/4 kop skaldyrsfond
- 2 fed hvidløg, hakket
- 1 laurbærblad
- 1/2 tsk salvie, frisk og hakket
- 2 rosmarinkviste til pynt

Rutevejledning:

Start med at tænde din ovn på 375, og krydr derefter fileterne med salt og peber. Læg dem i en bradepande, og tilsæt din bouillon, hvidløg, vin, salvie og laurbærblad. Dæk godt til, og bag derefter i tyve minutter. Din fisk skal være skællet, når den testes med en gaffel.

Brug en spatel til at fjerne hver filet, anbring væsken over høj varme og kog til at reducere til det halve. Dette bør tage ti minutter, og du skal røre ofte. Server dryppet i pocheringsvæske og pyntet med en rosmarinkvist.

Ernæring (for 100g):361 kalorier 10 g fedt 9 g kulhydrater 34 g protein 783 mg natrium

Muslinger i hvidvin

Forberedelsestid: 5 minutter

Madlavningstid: 10 minutter

Portioner: 2

Sværhedsgrad: Svært

Ingredienser:

- 2 lbs. Levende Muslinger, Friske
- 1 kop tør hvidvin
- 1/4 tsk havsalt, fint
- 3 fed hvidløg, hakket
- 2 teskefulde skalotteløg i tern
- 1/4 kop persille, frisk og hakket, delt
- 2 spsk olivenolie
- 1/4 citron, saftet

Rutevejledning:

Tag et dørslag frem og skrub dine muslinger, skyl dem med koldt vand. Kassér muslinger, der ikke lukker, hvis de bankes, og brug derefter en skrællekniv til at fjerne skægget fra hver af dem.

Tag gryden ud, stil den over medium-høj varme, og tilsæt hvidløg, skalotteløg, vin og persille. Bring det i kog. Når det er ved at simre jævnt, tilsæt dine muslinger og læg låg på. Lad dem simre i fem til syv minutter. Sørg for, at de ikke bliver overkogte.

Brug en hulske til at fjerne dem, og tilsæt citronsaft og olivenolie i gryden. Rør godt rundt, og hæld bouillonen over dine muslinger inden servering med persille.

Ernæring (for 100g):345 kalorier 9 g fedt 18 g kulhydrater 37 g protein 693 mg natrium

Dilly laks

Forberedelsestid: 10 minutter

Madlavningstid: 15 minutter

Portioner: 2

Sværhedsgrad: Gennemsnitlig

Ingredienser:

- 2 laksefileter, 6 ounces hver
- 1 spiseskefuld olivenolie
- 1/2 mandarin, saftet
- 2 teskefulde appelsinskal
- 2 spsk dild, frisk og hakket
- Havsalt og sort peber efter smag

Rutevejledning:

Forbered ovnen til 375 grader, og tag derefter to ti-tommer stykker folie ud. Gnid dine fileter ned med olivenolie på begge sider, før du krydrer med salt og peber, og læg hver filet i et stykke folie.

Dryp din appelsinjuice over hver enkelt, og top derefter med appelsinskal og dild. Fold din pakke lukket, og sørg for, at den har to tommer luftrum i folien, så dine fisk kan dampe, og læg dem derefter på en bageplade.

Bages i femten minutter, før pakkerne åbnes, og overfør dem til to serveringsplader. Hæld saucen over toppen af hver før servering.

Ernæring (for 100g):366 kalorier 14 g fedt 9 g kulhydrater 36 g protein 689 mg natrium

Glat laks

Forberedelsestid: 8 minutter

Madlavningstid: 8 minutter

Portioner: 2

Sværhedsgrad: Let

Ingredienser:

- Laks, 6-ounce filet
- Citron, 2 skiver
- Kapers, 1 spsk
- Havsalt og peber, 1/8 tsk
- Ekstra jomfru olivenolie, 1 spsk

Rutevejledning:

Placer en ren stegepande over middel varme for at forberede i 3 minutter. Læg olivenolie på en tallerken, og beklæd laksen helt. Kog laksen ved høj varme i gryden.

Top laksen med resten af ingredienserne, og vend for at stege hver side. Læg mærke til, når begge sider er brune. Det kan tage 3-5 minutter på hver side. Sørg for, at laksen er kogt ved at teste med en gaffel.

Server med citronskiver.

Ernæring (for 100g):371 Kalorier 25,1g Fedt 0,9g Kulhydrater 33,7g Protein 782mg Natrium

Tun melodi

Forberedelsestid: 20 minutter

Madlavningstid: 20 minutter

Portioner: 2

Sværhedsgrad: Let

Ingredienser:

- Tun, 12 ounce
- Grønne løg, 1 til pynt
- Peberfrugt, ¼, hakket
- Eddike, 1 streg
- Salt og peber efter smag
- Avocadoer, 1, halveret og udstenet
- Græsk yoghurt, 2 spsk

Rutevejledning:

Bland tunen med eddike, løg, yoghurt, avocado og peber i en skål.

Tilsæt krydderierne, bland og server med grønne løgpynt.

Ernæring (for 100g):294 Kalorier 19g Fedt 10g Kulhydrater 12g Protein 836mg Natrium

Havost

Forberedelsestid: 12 minutter

Madlavningstid: 25 minutter

Portioner: 2

Sværhedsgrad: Let

Ingredienser:

- Laks, 6-ounce filet
- Tørret basilikum, 1 spsk
- Ost, 2 spsk, revet
- Tomat, 1, skåret i skiver
- Ekstra jomfru olivenolie, 1 spsk

Rutevejledning:

Forbered en bageovn ved 375 F. Læg aluminiumsfolie i en bageplade, og spray med madolie. Overfør forsigtigt laksen til bagepladen og top med resten af ingredienserne.

Lad laksen brune i 20 minutter. Lad det køle af i fem minutter, og kom over på en tallerken. Du vil se toppingen i midten af laksen.

Ernæring (for 100g):411 kalorier 26,6 g fedt 1,6 g kulhydrater 8 g protein 822 mg natrium

Sunde bøffer

Forberedelsestid: 10 minutter

Madlavningstid: 20 minutter

Portioner: 2

Sværhedsgrad: Let

Ingredienser:

- Olivenolie, 1 tsk
- Helleflynderbøf, 8 ounce
- Hvidløg, ½ tsk, hakket
- Smør, 1 spsk
- Salt og peber efter smag

Rutevejledning:

Varm en stegepande op og tilsæt olien. Brun bøfferne på en pande over middel flamme, smelt smørret med hvidløg, salt og peber. Tilsæt bøfferne, vend til belægning og server.

Ernæring (for 100g):284 Kalorier 17g Fcdt 0,2g Kulhydrater 8g Protein 755mg Natrium

Urte laks

Forberedelsestid: 8 minutter

Madlavningstid: 18 minutter

Portioner: 2

Sværhedsgrad: Let

Ingredienser:

- Laks, 2 fileter uden skind
- Groft salt efter smag
- Ekstra jomfru olivenolie, 1 spsk
- Citron, 1, skåret i skiver
- Frisk rosmarin, 4 kviste

Rutevejledning:

Forvarm ovnen til 400F. Læg alufolie i en bageplade, og læg laks ovenpå. Top laksen med resten af ingredienserne og bag i 20 minutter. Server straks med citronskiver.

Ernæring (for 100g):257 Kalorier 18g Fedt 2,7g Kulhydrater 7g Protein 836mg Natrium

Smokey glaseret tun

Forberedelsestid: 35 minutter

Madlavningstid: 10 minutter

Portioner: 2

Sværhedsgrad: Let

Ingredienser:

- Tun, 4-ounce bøffer
- Appelsinjuice, 1 spsk
- Hakket hvidløg, ½ fed
- Citronsaft, ½ tsk
- Frisk persille, 1 spsk, hakket
- Sojasovs, 1 spsk
- Ekstra jomfru olivenolie, 1 spsk
- Kværnet sort peber, ¼ tsk
- Oregano, ¼ teskefuld

Rutevejledning:

Vælg en blandingsskål, og tilsæt alle ingredienserne undtagen tunen. Bland godt, og tilsæt derefter tunen til marinaden. Stil denne blanding på køl i en halv time. Varm en grillpande op og steg tunen på hver side i 5 minutter. Server når den er kogt.

Ernæring (for 100g):200 kalorier 7,9 g fedt 0,3 g kulhydrater 10 g protein 734 mg natrium

Sprød helleflynder

Forberedelsestid: 20 minutter

Madlavningstid: 15 minutter

Portioner: 2

Sværhedsgrad: Let

Ingredienser:

- Persille til toppen
- Frisk dild, 2 spsk, hakket
- Frisk purløg, 2 spsk, hakket
- Olivenolie, 1 spsk
- Salt og peber efter smag
- Helleflynder, fileter, 6 ounce
- Citronskal, ½ tsk, fint revet
- Græsk yoghurt, 2 spsk

Rutevejledning:

Forvarm ovnen til 400F. Beklæd en bageplade med folie. Kom alle ingredienserne i et bredt fad, og mariner fileterne. Skyl og tør fileterne; kom derefter i ovnen og bag i 15 minutter.

Ernæring (for 100g):273 Kalorier 7,2g Fedt 0,4g Kulhydrater 9g Protein 783mg Natrium

Tilpas tun

Forberedelsestid: 15 minutter

Madlavningstid: 10 minutter

Portioner: 2

Sværhedsgrad: Let

Ingredienser:

- Æg, ½
- Løg, 1 spsk, finthakket
- Selleri til toppen
- Salt og peber efter smag
- Hvidløg, 1 fed, hakket
- Tun på dåse, 7 ounce
- Græsk yoghurt, 2 spsk

Rutevejledning:

Dræn tunen, og tilsæt æg og yoghurt med hvidløg, salt og peber.

I en skål kombineres denne blanding med løg og form til bøffer.

Tag en stor stegepande og brun bøfferne i 3 minutter på hver side.

Afdryp og server.

Ernæring (for 100g):230 Kalorier 13g Fedt 0,8g Kulhydrater 10g Protein 866mg Natrium

Varme og friske fiskebøffer

Forberedelsestid: 14 minutter

Madlavningstid: 14 minutter

Portioner: 2

Sværhedsgrad: Let

Ingredienser:

- Hvidløg, 1 fed, hakket
- Citronsaft, 1 spsk
- Brun farin, 1 spsk
- Helleflynderbøf, 1 pund
- Salt og peber efter smag
- Sojasauce, ¼ tsk
- Smør, 1 tsk
- Græsk yoghurt, 2 spsk

Rutevejledning:

Forvarm grillen over en medium flamme. Bland smør, sukker, yoghurt, citronsaft, sojasovs og krydderier i en skål. Varm blandingen i en gryde. Brug denne blanding til at pensle på bøffen, mens du tilbereder på grillen. Serveres varm.

Ernæring (for 100g):412 Kalorier 19,4g Fedt 7,6g Kulhydrater 11g Protein 788mg Natrium

Muslinger O' Marine

Forberedelsestid: 20 minutter

Madlavningstid: 10 minutter

Portioner: 2

Sværhedsgrad: Let

Ingredienser:

- Muslinger, skrubbede og skæggede, 1 pund
- Kokosmælk, ½ kop
- Cayennepeber, 1 tsk
- Frisk citronsaft, 1 spsk
- Hvidløg, 1 tsk, hakket
- Koriander, friskhakket til topping
- Brun farin, 1 tsk

Rutevejledning:

Bland alle ingredienserne undtagen muslingerne i en gryde. Varm blandingen op og bring den i kog. Tilsæt muslingerne, og kog i 10 minutter. Server i et fad med den kogte væske.

Ernæring (for 100g):483 Kalorier 24,4g Fedt 21,6g Kulhydrater 1,2g Protein 499mg Natrium

Slow Cooker Middelhavs oksesteg

Forberedelsestid: 10 minutter

Madlavningstid: 10 timer og 10 minutter

Portioner: 6

Sværhedsgrad: Gennemsnitlig

Ingredienser:

- 3 pund Chuck stege, udbenet
- 2 teskefulde rosmarin
- ½ kop tomater, soltørrede og hakkede
- 10 fed revet hvidløg
- ½ kop oksefond
- 2 spsk balsamicoeddike
- ¼ kop hakket italiensk persille, frisk
- ¼ kop hakkede oliven
- 1 tsk citronskal
- ¼ kop ostegryn

Rutevejledning:

Læg hvidløg, soltørrede tomater og oksesteg i slowcookeren. Tilsæt oksefond og rosmarin. Luk komfuret og kog langsomt i 10 timer.

Efter tilberedningen er færdig, fjern oksekødet og riv kødet i stykker. Kassér fedtet. Tilsæt det strimlede kød tilbage til slow cookeren og lad det simre i 10 minutter. Kombiner citronskal, persille og oliven i en lille skål. Afkøl blandingen, indtil du skal servere. Pynt med den nedkølede blanding.

Server den over pasta eller ægnudler. Top det med ostegryn.

Ernæring (for 100g):314 Kalorier 19g Fedt 1g Kulhydrat 32g Protein 778mg Natrium

Slow Cooker middelhavsoksekød med artiskokker

Forberedelsestid: 3 timer og 20 minutter

Madlavningstid: 7 timer og 8 minutter

Portioner: 6

Sværhedsgrad: Let

Ingredienser:

- 2 pund oksekød til gryderet
- 14 ounce Artiskokhjerter
- 1 spsk vindruekerneolie
- 1 hakket løg
- 32 ounce oksebouillon
- 4 fed hvidløg, revet
- 14½ ounce dåse tomater i tern
- 15 ounce tomatsauce
- 1 tsk tørret oregano
- ½ kop Udstenede, hakkede oliven
- 1 tsk tørret persille
- 1 tsk tørret oregano
- ½ tsk stødt spidskommen
- 1 tsk tørret basilikum
- 1 laurbærblad
- ½ tsk salt

Rutevejledning:

I en stor non-stick stegepande hældes lidt olie og bringes til medium-høj varme. Steg oksekødet til det bliver brunt på begge sider. Overfør oksekødet til en slow cooker.

Tilsæt oksebouillon, hakkede tomater, tomatsauce, salt og bland. Hæld oksebouillon, hakkede tomater, oregano, oliven, basilikum, persille, laurbærblad og spidskommen i. Bland blandingen grundigt.

Luk og kog ved svag varme i 7 timer. Kassér laurbærbladet ved serveringen. Serveres varm.

Ernæring (for 100g):416 kalorier 5 g fedt 14,1 g kulhydrater 29,9 g protein 811 mg natrium

Skinny Slow Cooker Grydesteg i middelhavsstil

Forberedelsestid: 30 minutter

Tilberedningstid: 8 timer

Portioner: 10

Sværhedsgrad: Svært

Ingredienser:

- 4 pund Øje af rundsteg
- 4 fed hvidløg
- 2 tsk olivenolie
- 1 tsk Friskkværnet sort peber
- 1 kop hakkede løg
- 4 gulerødder, hakket
- 2 teskefulde tørret rosmarin
- 2 hakkede selleristængler
- 28 ounces knuste tomater i dåsen
- 1 kop oksebouillon med lavt natriumindhold
- 1 kop rødvin
- 2 tsk salt

Rutevejledning:

Krydr oksestegen med salt, hvidløg og peber og stil til side. Hæld olie i en non-stick stegepande og bring til medium-høj varme. Kom oksekødet heri og steg til det bliver brunt på alle sider. Overfør nu det stegte oksekød til en 6-quart langsom komfur. Tilsæt gulerødder, løg, rosmarin og selleri i gryden. Fortsæt med at koge, indtil løget og grøntsagerne er blevet bløde.

Rør tomater og vin i denne grøntsagsblanding. Tilsæt oksebouillon og tomatblanding i slowcookeren sammen med grøntsagsblandingen. Luk og kog på lavt niveau i 8 timer.

Når kødet er stegt, skal du fjerne det fra slow cookeren og lægge det på et skærebræt og pakke det ind med en aluminiumsfolie. For at tykne saucen, kom den derefter over i en gryde og kog den under lav varme, indtil den når den ønskede konsistens. Kassér fedtstoffer før servering.

Ernæring (for 100g):260 kalorier 6 g fedt 8,7 g kulhydrater 37,6 g protein 588 mg natrium

Slow Cooker Kødbrød

Forberedelsestid: 10 minutter

Madlavningstid: 6 timer og 10 minutter

Portioner: 8

Sværhedsgrad: Gennemsnitlig

Ingredienser:

- 2 pund formalet bison
- 1 revet zucchini
- 2 store æg
- Olivenolie madlavningsspray efter behov
- 1 Zucchini, strimlet
- ½ kop persille, frisk, finthakket
- ½ kop parmesanost, revet
- 3 spsk balsamicoeddike
- 4 fed hvidløg, revet
- 2 spsk hakket løg
- 1 spsk tørret oregano
- ½ tsk stødt sort peber
- ½ tsk Kosher salt
- Til toppingen:
- ¼ kop revet mozzarellaost
- ¼ kop ketchup uden sukker
- ¼ kop Friskhakket persille

Rutevejledning:

Stripe linje indersiden af en seks-quart langsom komfur med aluminiumsfolie. Spray non-stick madolie over det.

I en stor skål kombineres stødt bison eller ekstra magert mørbrad, zucchini, æg, persille, balsamicoeddike, hvidløg, tørret oregano, hav- eller koshersalt, hakket tørt løg og stødt sort peber.

Placer denne blanding i slow cookeren og form et aflangt formet brød. Dæk komfuret til, sæt på lav varme og kog i 6 timer. Åbn komfuret efter tilberedning og fordel ketchup over hele kødbrødet.

Læg nu osten over ketchuppen som et nyt lag og luk slow cookeren. Lad kødbrødet sidde på disse to lag i cirka 10 minutter, eller indtil osten begynder at smelte. Pynt med frisk persille og revet mozzarellaost.

Ernæring (for 100g):320 kalorier 2g fedt 4g kulhydrater 26g protein 681mg natrium

Slow Cooker Mediterranean Beef Hoagies

Forberedelsestid: 10 minutter

Tilberedningstid: 13 timer

Portioner: 6

Sværhedsgrad: Gennemsnitlig

Ingredienser:

- 3 pund oksekød top rund stegt fedtfri
- ½ tsk Løgpulver
- ½ tsk sort peber
- 3 kopper oksebouillon med lavt natriumindhold
- 4 teskefulde salatdressing mix
- 1 laurbærblad
- 1 spsk hvidløg, hakket
- 2 røde peberfrugter, skåret i tynde strimler
- 16 ounce Pepperoncino
- 8 skiver Sargento Provolone, tynde
- 2 ounce glutenfrit brød
- ½ tsk salt
- Til krydderier:
- 1½ spsk Løgpulver
- 1½ spsk hvidløgspulver
- 2 spsk tørret persille
- 1 spsk stevia
- ½ tsk tørret timian

- 1 spsk tørret oregano
- 2 spsk sort peber
- 1 spsk Salt
- 6 osteskiver

Rutevejledning:

Tør stegen med køkkenrulle. Kom sort peber, løgpulver og salt i en lille skål og gnid blandingen over stegen. Læg den krydrede steg i en langsom komfur.

Tilsæt bouillon, salatdressingblanding, laurbærblad og hvidløg til slow cookeren. Kombiner det forsigtigt. Luk og sæt til lav kogning i 12 timer. Efter kogning fjernes laurbærbladet.

Tag det kogte oksekød ud og riv oksekødet. Læg det strimlede oksekød tilbage og tilsæt peberfrugt og. Tilsæt peberfrugt og pepperoncino i slowcookeren. Dæk komfuret til, og kog lavt i 1 time. Før servering, top hvert af brødet med 3 ounce af kødblandingen. Top den med en osteskive. Den flydende sovs kan bruges som dip.

Ernæring (for 100g):442 Kalorier 11,5g Fedt 37g Kulhydrater 49g Protein 735mg Natrium

Middelhavsflæskesteg

Forberedelsestid: 10 minutter

Madlavningstid: 8 timer og 10 minutter

Portioner: 6

Sværhedsgrad: Gennemsnitlig

Ingredienser:

- 2 spsk olivenolie
- 2 pund flæskesteg
- ½ tsk paprika
- ¾ kop kyllingebouillon
- 2 tsk tørret salvie
- ½ spsk hakket hvidløg
- ¼ tsk Tørret merian
- ¼ teskefuld tørret rosmarin
- 1 tsk oregano
- ¼ tsk tørret timian
- 1 tsk basilikum
- ¼ tsk Kosher salt

Rutevejledning:

Bland bouillon, olie, salt og krydderier i en lille skål. Hæld olivenolie i en stegepande og bring til medium-høj varme. Kom svinekødet heri og steg, indtil alle sider er brune.

Tag flæsket ud efter tilberedning og prik stegen over det hele med en kniv. Placer den prikkede flæskesteg i en 6-liters crock pot. Hæld nu den lille skål blandingsvæske over hele stegen.

Luk gryden og kog på lavt niveau i 8 timer. Efter kogning fjernes den fra gryden på et skærebræt og skæres i stykker. Tilsæt derefter det strimlede svinekød tilbage i crockpoten. Lad det simre yderligere 10 minutter. Server sammen med fetaost, pitabrød og tomater.

Ernæring (for 100g):361 Kalorier 10,4 g Fedt 0,7 g Kulhydrater 43,8 g Protein 980 mg Natrium

Oksekød pizza

Forberedelsestid: 20 minutter

Madlavningstid: 50 minutter

Portioner: 10

Sværhedsgrad: Svært

Ingredienser:

- <u>Til skorpe:</u>
- 3 kopper universalmel
- 1 spsk sukker
- 2¼ teskefulde aktiv tørgær
- 1 tsk salt
- 2 spsk olivenolie
- 1 kop varmt vand
- <u>Til topping:</u>
- 1 pund hakket oksekød
- 1 mellemstor løg, hakket
- 2 spsk tomatpure
- 1 spsk stødt spidskommen
- Salt og kværnet sort peber efter behov
- ¼ kop vand
- 1 kop frisk spinat, hakket
- 8 ounce artiskokhjerter i kvarte
- 4 ounce friske svampe, skåret i skiver

- 2 tomater, hakkede
- 4 ounces fetaost, smuldret

Rutevejledning:

Til skorpe:

Bland mel, sukker, gær og salt med en røremaskine ved hjælp af dejkrogen. Tilsæt 2 spsk af olien og varmt vand og ælt til en glat og elastisk dej.

Lav en kugle af dejen og stil til side i cirka 15 minutter.

Læg dejen på en let meldrysset overflade og rul den til en cirkel. Læg dejen i en let, smurt rund pizzapande og tryk forsigtigt til, så den passer. Stil til side i cirka 10-15 minutter. Overtræk skorpen med lidt olie. Forvarm ovnen til 400 grader F.

Til topping:

Steg oksekød i en nonstick-gryde ved medium-høj varme i cirka 4-5 minutter. Bland løget i og steg i ca. 5 minutter under jævnlig omrøring. Tilsæt tomatpure, spidskommen, salt, sort peber og vand og rør for at kombinere.

Sæt varmen til medium og kog i cirka 5-10 minutter. Tag fra varmen og stil til side. Læg oksekødsblandingen over pizzaskorpen og top med spinat, efterfulgt af artiskokker, svampe, tomater og fetaost.

Bag til osten er smeltet. Tag ud af ovnen og stil til side i cirka 3-5 minutter før udskæring. Skær i ønskede størrelser og server.

Ernæring (for 100g):309 Kalorier 8,7 g Fedt 3,7 g Kulhydrater 3,3 g Protein 732 mg Natrium

Oksekød & Bulgur frikadeller

Forberedelsestid: 20 minutter

Madlavningstid: 28 minutter

Portioner: 6

Sværhedsgrad: Gennemsnitlig

Ingredienser:

- ¾ kop ukogt bulgur
- 1 pund hakket oksekød
- ¼ kop skalotteløg, hakket
- ¼ kop frisk persille, hakket
- ½ tsk stødt allehånde
- ½ tsk stødt spidskommen
- ½ tsk stødt kanel
- ¼ tsk rød peberflager, knust
- Salt efter behov
- 1 spsk olivenolie

Rutevejledning:

Læg bulguren i blød i en stor skål med koldt vand i cirka 30 minutter. Dræn bulguren godt, og pres derefter med hænderne for at fjerne det overskydende vand. Tilsæt bulgur, oksekød, skalotteløg, persille, krydderier, salt og puls i en foodprocessor, indtil en jævn blanding er dannet.

Kom blandingen i en skål og stil den på køl, tildækket i cirka 30 minutter. Tag ud af køleskabet og lav lige store kugler af oksekødblandingen. I en stor nonstick-gryde, opvarm olien over medium-høj varme og steg frikadellerne i 2 omgange i cirka 13-14 minutter, vend ofte. Serveres varm.

Ernæring (for 100g):228 Kalorier 7,4 g Fedt 0,1 g Kulhydrater 3,5 g Protein 766 mg Natrium

Velsmagende oksekød og broccoli

Forberedelsestid: 10 minutter

Madlavningstid: 15 minutter

Portioner: 4

Sværhedsgrad: Let

Ingredienser:

- 1 og ½ lbs. flanker bøf
- 1 spsk. olivenolie
- 1 spsk. tamari sauce
- 1 kop oksefond
- 1-pund broccoli, buketter adskilt

Rutevejledning:

Kombiner bøfstrimler med olie og tamari, vend og stil til side i 10 minutter. Vælg din instant-gryde på sauté-tilstand, læg oksekødsstrimler og brun dem i 4 minutter på hver side. Rør i bouillon, dæk gryden igen og kog ved høj temperatur i 8 minutter. Rør broccoli i, læg låg på og kog på høj i 4 minutter mere. Portionér det hele mellem tallerkenerne og server. God fornøjelse!

Ernæring (for 100g):312 Kalorier 5g Fedt 20g Kulhydrater 4g Protein 694mg Natrium

Oksekød majs chili

Forberedelsestid: 8-10 minutter

Madlavningstid: 30 minutter

Portioner: 8

Sværhedsgrad: Gennemsnitlig

Ingredienser:

- 2 små løg, hakket (fint)
- ¼ kop majs på dåse
- 1 spsk olie
- 10 ounce magert hakket oksekød
- 2 små chilipeber i tern

Rutevejledning:

Tænd for instant-gryden. Klik på "SAUTE". Hæld olien og rør derefter løg, chilipeber og oksekød i; kog indtil den bliver gennemsigtig og blød. Hæld de 3 kopper vand i kogegryden; bland godt.

Forsegl låget. Vælg "MEAT/STEW". Indstil timeren til 20 minutter. Lad koge, indtil timeren vender til nul.

Klik på "ANNULLER" og derefter "NPR" for naturligt frigivelsestryk i ca. 8-10 minutter. Åbn derefter fadet i serveringsfade. Tjene.

Ernæring (for 100g):94 kalorier 5g fedt 2g kulhydrater 7g protein 477mg natrium

Balsamico oksekød ret

Forberedelsestid: 5 minutter

Madlavningstid: 55 minutter

Portioner: 8

Sværhedsgrad: Gennemsnitlig

Ingredienser:

- 3 pund chucksteg
- 3 fed hvidløg, skåret i tynde skiver
- 1 spsk olie
- 1 tsk eddike med smag
- ½ tsk peber
- ½ tsk rosmarin
- 1 spsk smør
- ½ tsk timian
- ¼ kop balsamicoeddike
- 1 kop oksebouillon

Rutevejledning:

Skær slidserne i stegen og fyld hvidløgsskiver over det hele. Kombiner smagseddike, rosmarin, peber, timian og gnid blandingen over stegen. Vælg gryden på sautétilstand og bland olie i, lad olien varme op. Tilbered begge sider af stegen.

Tag den ud og stil til side. Rør smør, bouillon, balsamicoeddike i og afglasér gryden. Sæt stegen tilbage og luk låget, og kog derefter på HØJT tryk i 40 minutter.

Udfør en hurtig udløsning. Tjene!

Ernæring (for 100g):393 Kalorier 15g Fedt 25g Kulhydrater 37g Protein 870mg Natrium

Sojasauce Oksesteg

Forberedelsestid: 8 minutter

Madlavningstid: 35 minutter

Portioner: 2-3

Sværhedsgrad: Gennemsnitlig

Ingredienser:

- ½ tsk oksebouillon
- 1½ tsk rosmarin
- ½ tsk hakket hvidløg
- 2 pund roastbeef
- 1/3 kop sojasovs

Rutevejledning:

Bland sojasovsen, bouillon, rosmarin og hvidløg sammen i en røreskål.

Tænd din instant pot. Placer stegen, og hæld nok vand til at dække stegen; rør forsigtigt for at blande godt. Forsegl det tæt.

Klik på "MEAT/STEW" Tilberedningsfunktion; Indstil trykniveauet til "HIGH", og indstil tilberedningstiden til 35 minutter. Lad trykket for at bygge til at tilberede ingredienserne. Når du er færdig, skal du klikke på "ANNULLER"-indstillingen og derefter klikke på "NPR"-tilberedningsfunktionen for at frigive trykket naturligt.

Åbn gradvist låget, og riv kødet i stykker. Bland det strimlede kød tilbage i potteblandingen og rør godt. Overfør i serveringsbeholdere. Serveres varm.

Ernæring (for 100g):423 Kalorier 14g Fedt 12g Kulhydrater 21g Protein 884mg Natrium

Rosemary Oksekød Chuck Steg

Forberedelsestid: 5 minutter

Madlavningstid: 45 minutter

Portioner: 5-6

Sværhedsgrad: Gennemsnitlig

Ingredienser:

- 3 pund chuck oksesteg
- 3 fed hvidløg
- ¼ kop balsamicoeddike
- 1 kvist frisk rosmarin
- 1 kvist frisk timian
- 1 kop vand
- 1 spiseskefuld vegetabilsk olie
- Salt og peber efter smag

Rutevejledning:

Hak skiver i oksestegen og læg hvidløgsfeddene i dem. Gnid stegen med krydderurter, sort peber og salt. Forvarm din instant-gryde ved hjælp af sauté-indstillingen og hæld olien på. Når den er opvarmet, blandes oksestegen i og koges rundt, indtil den er brunet på alle sider. Tilsæt de resterende ingredienser; rør forsigtigt.

Forsegl tæt og kog ved høj temperatur i 40 minutter ved manuel indstilling. Tillad trykudløsningen naturligt, cirka 10 minutter. Afdæk og læg oksesteg på serveringspladerne, skær i skiver og server.

Ernæring (for 100g):542 Kalorier 11,2g Fedt 8,7g Kulhydrater 55,2g Protein 710mg Natrium

Svinekoteletter og tomatsauce

Forberedelsestid: 10 minutter

Madlavningstid: 20 minutter

Portioner: 4

Sværhedsgrad: Let

Ingredienser:

- 4 svinekoteletter, udbenet
- 1 spsk sojasovs
- ¼ tsk sesamolie
- 1 og ½ dl tomatpure
- 1 gult løg
- 8 svampe i skiver

Rutevejledning:

Bland svinekoteletter i en skål med sojasovs og sesamolie, vend rundt og lad det stå i 10 minutter. Sæt din instant-gryde på sauté-tilstand, tilsæt svinekoteletter og brun dem i 5 minutter på hver side. Rør løg i, og steg i 1-2 minutter mere. Tilsæt tomatpure og champignon, vend, læg låg på og kog ved høj temperatur i 8-9 minutter. Fordel det hele mellem tallerkenerne og server. God fornøjelse!

Ernæring (for 100g):300 kalorier 7 g fedt 18 g kulhydrater 4 g protein 801 mg natrium

Kylling med kapersauce

Forberedelsestid: 10 minutter

Madlavningstid: 18 minutter

Portioner: 5

Sværhedsgrad: Svært

Ingredienser:

- Til kylling:
- 2 æg
- Salt og kværnet sort peber efter behov
- 1 kop tørre brødkrummer
- 2 spsk olivenolie
- 1½ pund skindfri, udbenet kyllingebrysthalvdele, stødt i ¾ tomme tykkelse og skåret i stykker
- Til kapers sauce:
- 3 spsk kapers
- ½ kop tør hvidvin
- 3 spsk frisk citronsaft
- Salt og kværnet sort peber efter behov
- 2 spsk frisk persille, hakket

Rutevejledning:

Til kylling: Tilsæt æg, salt og sort peber i et lavt fad og pisk, indtil det er godt blandet. Læg rasp i et andet lavt fad. Læg kyllingestykkerne i blød i æggeblandingen og dæk dem derefter jævnt med rasp. Ryst det overskydende brødkrummer af.

Kog olien over medium varme og steg kyllingestykkerne i ca. 5-7 minutter på hver side eller indtil den er færdig. Med en hulske placeres kyllingestykkerne på en tallerken foret med køkkenrulle. Tildæk kyllingestykkerne med et stykke af folien for at holde dem varme.

I den samme stegepande, inkorporer alle sauce ingredienser undtagen persille og kog i cirka 2-3 minutter under konstant omrøring. Bland persillen i og tag den af varmen. Server kyllingestykkerne med topping af kapersauce.

Ernæring (for 100g):352 Kalorier 13,5 g Fedt 1,9 g Kulhydrater 1,2 g Protein 741 mg Natrium

Kalkun burgere med mango salsa

Forberedelsestid: 15 minutter

Madlavningstid: 10 minutter

Portioner: 6

Sværhedsgrad: Let

Ingredienser:

- 1½ pund malet kalkunbryst
- 1 tsk havsalt, delt
- ¼ tsk friskkværnet sort peber
- 2 spsk ekstra jomfru olivenolie
- 2 mangoer, skrællet, udstenet og skåret i tern
- ½ rødløg, finthakket
- Saft af 1 lime
- 1 fed hvidløg, hakket
- ½ jalapeñopeber, frøet og finthakket
- 2 spsk hakkede friske korianderblade

Rutevejledning:

Form kalkunbrystet til 4 bøffer og krydr med ½ tsk havsalt og peber. Kog olivenolien i en nonstick-gryde, indtil den skinner. Tilsæt kalkunbøfferne og steg i cirka 5 minutter på hver side, indtil de er brune. Mens bøfferne koger, bland mango, rødløg, limesaft, hvidløg, jalapeño, koriander og den resterende ½ tsk havsalt i en lille skål. Hæld salsaen over kalkunbøfferne og server.

Ernæring (for 100g):384 Kalorier 3g Fedt 27g Kulhydrater 34g Protein 692mg Natrium

Urtestegt kalkunbryst

Forberedelsestid: 15 minutter

Madlavningstid: 1½ time (plus 20 minutter til hvile)

Portioner: 6

Sværhedsgrad: Gennemsnitlig

Ingredienser:

- 2 spsk ekstra jomfru olivenolie
- 4 fed hvidløg, hakket
- Skal af 1 citron
- 1 spsk hakkede friske timianblade
- 1 spsk hakkede friske rosmarinblade
- 2 spsk hakket frisk italiensk persilleblade
- 1 tsk malet sennep
- 1 tsk havsalt
- ¼ tsk friskkværnet sort peber
- 1 (6 pund) udbenet kalkunbryst med skind på
- 1 kop tør hvidvin

Rutevejledning:

Forvarm ovnen til 325°F. Bland olivenolie, hvidløg, citronskal, timian, rosmarin, persille, sennep, havsalt og peber. Børst urteblandingen jævnt over overfladen af kalkunbrystet, og løsn huden og gnid også nedenunder. Læg kalkunbrystet i en bradepande på en rist med skindsiden opad.

Hæld vinen i gryden. Steg i 1 til 1½ time, indtil kalkunen når en indre temperatur på 165 grader F. Træk ud af ovnen og sæt den separat i 20 minutter, forsynet med aluminiumsfolie for at holde den varm, før udskæring.

Ernæring (for 100g):392 Kalorier 1g Fedt 2g Kulhydrater 84g Protein 741mg Natrium

Kyllingepølse og peberfrugt

Forberedelsestid: 10 minutter

Madlavningstid: 20 minutter

Portioner: 6

Sværhedsgrad: Gennemsnitlig

Ingredienser:

- 2 spsk ekstra jomfru olivenolie
- 6 italienske kyllingepølselinks
- 1 løg
- 1 rød peberfrugt
- 1 grøn peberfrugt
- 3 fed hvidløg, hakket
- ½ kop tør hvidvin
- ½ tsk havsalt
- ¼ tsk friskkværnet sort peber
- Knib røde peberflager

Rutevejledning:

Kog olivenolien på en stor pande, indtil den skinner. Tilsæt pølserne og kog i 5 til 7 minutter, vend lejlighedsvis, indtil de er brune, og de når en indre temperatur på 165 °F. Tag pølsen ud af panden med en tang og læg den til side på et fad, dækket med aluminiumsfolie for at holde den varm.

Sæt gryden tilbage på varmen og bland løg, rød peber og grøn peber i. Kog og rør af og til, indtil grøntsagerne begynder at blive brune. Kom hvidløg i og steg i 30 sekunder under konstant omrøring.

Rør vin, havsalt, peber og rød peberflager i. Træk ud og fold eventuelle brunede stykker fra bunden af gryden ind. Lad det simre i cirka 4 minutter mere under omrøring, indtil væsken reduceres til det halve. Hæld peberfrugten over pølserne og server.

Ernæring (for 100g):173 Kalorier 1g Fedt 6g Kulhydrater 22g Protein 582mg Natrium

Kylling Piccata

Forberedelsestid: 10 minutter

Madlavningstid: 15 minutter

Portioner: 6

Sværhedsgrad: Gennemsnitlig

Ingredienser:

- ½ kop fuldkornshvedemel
- ½ tsk havsalt
- 1/8 tsk friskkværnet sort peber
- 1½ pund kyllingebryst, skåret i 6 stykker
- 3 spsk ekstra jomfru olivenolie
- 1 kop usaltet hønsebouillon
- ½ kop tør hvidvin
- Saft af 1 citron
- Skal af 1 citron
- ¼ kop kapers, drænet og skyllet
- ¼ kop hakket frisk persilleblade

Rutevejledning:

I et lavt fad piskes mel, havsalt og peber. Skur kyllingen i melet og tap det overskydende af. Kog olivenolien til den skinner.

Sæt kyllingen og steg i cirka 4 minutter på hver side, indtil den er brunet. Tag kyllingen ud af panden og stil den til side, dækket med aluminiumsfolie for at holde den varm.

Sæt gryden tilbage på varmen og rør bouillon, vin, citronsaft, citronskal og kapers i. Brug siden af en skeske og fold eventuelle brunede stykker fra grydens bund ind. Lad det simre, indtil væsken tykner. Tag gryden ud af varmen og tag kyllingen tilbage til gryden. Vend til pels. Rør persillen i og server.

Ernæring (for 100g):153 Kalorier 2g Fedt 9g Kulhydrater 8g Protein 692mg Natrium

Toscansk kylling på én pande

Forberedelsestid: 10 minutter

Madlavningstid: 25 minutter

Portioner: 6

Sværhedsgrad: Svært

Ingredienser:

- ¼ kop ekstra jomfru olivenolie, delt
- 1 pund udbenet, skindfri kyllingebryst, skåret i ¾-tommers stykker
- 1 løg, hakket
- 1 rød peberfrugt, hakket
- 3 fed hvidløg, hakket
- ½ kop tør hvidvin
- 1 (14-ounce) dåse knuste tomater, udrænede
- 1 (14-ounce) dåse hakkede tomater, drænet
- 1 (14-ounce) dåse hvide bønner, drænet
- 1 spsk tørret italiensk krydderi
- ½ tsk havsalt
- 1/8 tsk friskkværnet sort peber
- 1/8 tsk rød peberflager
- ¼ kop hakkede friske basilikumblade

Rutevejledning:

Kog 2 spsk olivenolie, indtil den skinner. Bland kyllingen i og steg indtil brunet. Tag kyllingen ud af gryden og læg den til side på et fad, dækket med aluminiumsfolie for at holde varmen.

Sæt gryden tilbage på varmen og varm den resterende olivenolie op. Tilsæt løg og rød peberfrugt. Kog og rør sjældent, indtil grøntsagerne er bløde. Kom hvidløget i og kog i 30 sekunder under konstant omrøring.

Rør vinen i, og brug siden af skeen til at fjerne eventuelle brunede stykker fra bunden af gryden. Kog i 1 minut under omrøring.

Bland de knuste og hakkede tomater, hvide bønner, italiensk krydderi, havsalt, peber og rød peberflager i. Lad simre. Kog i 5 minutter, rør af og til.

Læg kyllingen tilbage og eventuel saft, der er samlet i stegepanden. Kog indtil kyllingen er gennemstegt. Tag af varmen og rør basilikum i inden servering.

Ernæring (for 100g):271 Kalorier 8g Fedt 29g Kulhydrater 14g Protein 596mg Natrium

Kylling Kapama

Forberedelsestid: 10 minutter

Tilberedningstid: 2 timer

Portioner: 4

Sværhedsgrad: Gennemsnitlig

Ingredienser:

- 1 (32-ounce) dåse hakkede tomater, drænet
- ¼ kop tør hvidvin
- 2 spsk tomatpure
- 3 spsk ekstra jomfru olivenolie
- ¼ tsk rød peberflager
- 1 tsk stødt allehånde
- ½ tsk tørret oregano
- 2 hele nelliker
- 1 kanelstang
- ½ tsk havsalt
- 1/8 tsk friskkværnet sort peber
- 4 udbenede, skindfrie kyllingebrysthalvdele

Rutevejledning:

Bland tomater, vin, tomatpure, olivenolie, rød peberflager, allehånde, oregano, nelliker, kanelstang, havsalt og peber i en stor gryde. Bring det i kog under omrøring af og til. Lad det simre i 30 minutter under omrøring af og til. Fjern og kassér hele nelliker og kanelstang fra saucen og lad saucen køle af.

Forvarm ovnen til 350°F. Placer kyllingen i en 9-x-13-tommer bageform. Hæld saucen over kyllingen og dæk gryden med alufolie. Fortsæt med at bage, indtil den når 165°F indre temperatur.

Ernæring (for 100g):220 kalorier 3g fedt 11g kulhydrater 8g protein 923mg natrium

Spinat og feta-fyldte kyllingebryst

Forberedelsestid: 10 minutter

Madlavningstid: 45 minutter

Portioner: 4

Sværhedsgrad: Gennemsnitlig

Ingredienser:

- 2 spsk ekstra jomfru olivenolie
- 1 pund frisk babyspinat
- 3 fed hvidløg, hakket
- Skal af 1 citron
- ½ tsk havsalt
- 1/8 tsk friskkværnet sort peber
- ½ kop smuldret fetaost
- 4 udbenede, skindfri kyllingebryst

Rutevejledning:

Forvarm ovnen til 350°F. Kog olivenolien ved middel varme, indtil den skinner. Tilsæt spinaten. Fortsæt med at koge og røre, indtil det er visnet.

Rør hvidløg, citronskal, havsalt og peber i. Kog i 30 sekunder under konstant omrøring. Afkøl let og bland osten i.

Fordel spinat- og osteblandingen i et jævnt lag over kyllingestykkerne og rul brystet rundt om fyldet. Hold lukket med tandstikker eller slagtergarn. Læg brysterne i en 9 x 13-tommers bageform og bag dem i 30 til 40 minutter, eller indtil kyllingen har en indre temperatur på 165 °F. Tag ud af ovnen og stil til side i 5 minutter før udskæring og servering.

Ernæring (for 100g):263 Kalorier 3g Fedt 7g Kulhydrater 17g Protein 639mg Natrium

Rosmarinbagte kyllingeunderlår

Forberedelsestid: 5 minutter

Tilberedningstid: 1 time

Portioner: 6

Sværhedsgrad: Let

Ingredienser:

- 2 spsk hakkede friske rosmarinblade
- 1 tsk hvidløgspulver
- ½ tsk havsalt
- 1/8 tsk friskkværnet sort peber
- Skal af 1 citron
- 12 kyllingeunderlår

Rutevejledning:

Forvarm ovnen til 350°F. Bland rosmarin, hvidløgspulver, havsalt, peber og citronskal.

Placer trommestikkerne i en 9 x 13-tommer bageform og drys med rosmarinblandingen. Bag indtil kyllingen når en indre temperatur på 165°F.

Ernæring (for 100g):163 kalorier 1g fedt 2g kulhydrater 26g protein 633mg natrium

Kylling med løg, kartofler, figner og gulerødder

Forberedelsestid: 5 minutter

Madlavningstid: 45 minutter

Portioner: 4

Sværhedsgrad: Gennemsnitlig

Ingredienser:

- 2 kopper fingerling kartofler, halveret
- 4 friske figner i kvarte
- 2 gulerødder, revet i julien
- 2 spsk ekstra jomfru olivenolie
- 1 tsk havsalt, delt
- ¼ tsk friskkværnet sort peber
- 4 kyllingelår-lårkvarter
- 2 spsk hakket frisk persilleblade

Rutevejledning:

Forvarm ovnen til 425°F. I en lille skål, smid kartofler, figner og gulerødder med olivenolie, ½ tsk havsalt og peber. Fordel i en 9-x13-tommer bageform.

Krydr kyllingen med resten af havsaltet. Læg den ovenpå grøntsagerne. Bag indtil grøntsagerne er bløde og kyllingen når en indre temperatur på 165°F. Drys med persillen og server.

Ernæring (for 100g):429 Kalorier 4g Fedt 27g Kulhydrater 52g Protein 581mg Natrium

Kyllinggyros med Tzatziki

Forberedelsestid: 15 minutter

Madlavningstid: 1 time og 20 minutter

Portioner: 6

Sværhedsgrad: Gennemsnitlig

Ingredienser:

- 1-pund stødt kyllingebryst
- 1 løg, revet med overskydende vand opvredet
- 2 spsk tørret rosmarin
- 1 spsk tørret merian
- 6 fed hvidløg, hakket
- ½ tsk havsalt
- ¼ tsk friskkværnet sort peber
- Tzatziki sauce

Rutevejledning:

Forvarm ovnen til 350°F. Bland kylling, løg, rosmarin, merian, hvidløg, havsalt og peber med en foodprocessor. Blend indtil blandingen danner en pasta. Alternativt kan du blande disse ingredienser i en skål, indtil de er godt blandet (se forberedelsestip).

Pres blandingen ned i en brødform. Bages til den når 165 graders indre temperatur. Tag ud af ovnen og lad hvile i 20 minutter inden udskæring.

Skær gyroen i skiver og hæld tzatziki-saucen over toppen.

Ernæring (for 100g):289 Kalorier 1g Fedt 20g Kulhydrater 50g Protein 622mg Natrium

Moussaka

Forberedelsestid: 10 minutter

Madlavningstid: 45 minutter

Portioner: 8

Sværhedsgrad: Svært

Ingredienser:

- 5 spsk ekstra jomfru olivenolie, delt
- 1 aubergine, skåret i skiver (uskrællet)
- 1 løg, hakket
- 1 grøn peberfrugt, kernet og hakket
- 1-pund malet kalkun
- 3 fed hvidløg, hakket
- 2 spsk tomatpure
- 1 (14-ounce) dåse hakkede tomater, drænet
- 1 spsk italiensk krydderi
- 2 tsk Worcestershire sauce
- 1 tsk tørret oregano
- ½ tsk stødt kanel
- 1 kop usødet, fedtfri almindelig græsk yoghurt
- 1 æg, pisket
- ¼ tsk friskkværnet sort peber
- ¼ tsk stødt muskatnød
- ¼ kop revet parmesanost
- 2 spsk hakket frisk persilleblade

Rutevejledning:

Forvarm ovnen til 400°F. Kog 3 spsk olivenolie, indtil den skinner. Tilsæt auberginesskiverne og brun i 3 til 4 minutter på hver side. Overfør til køkkenrulle til afdrypning.

Sæt gryden tilbage på varmen og hæld de resterende 2 spsk olivenolie på. Tilsæt løg og grøn peberfrugt. Fortsæt med at koge, indtil grøntsagerne er bløde. Tag af panden og stil til side.

Træk gryden ud til varmen og rør kalkunen i. Kog i cirka 5 minutter, smuldrer med en ske, indtil de er brune. Rør hvidløg i og steg i 30 sekunder under konstant omrøring.

Rør tomatpuré, tomater, italiensk krydderi, Worcestershire sauce, oregano og kanel i. Læg løg og peberfrugt tilbage i gryden. Kog i 5 minutter under omrøring. Kombiner yoghurt, æg, peber, muskatnød og ost.

Arranger halvdelen af kødblandingen i en 9 x 13-tommer bageform. Læg halvdelen af auberginen i lag. Tilsæt den resterende kødblanding og den resterende aubergine. Fordel med yoghurtblandingen. Bages til de er gyldenbrune. Pynt med persillen og server.

Ernæring (for 100g):338 Kalorier 5g Fedt 16g Kulhydrater 28g Protein 569mg Natrium

Dijon og urter svinemørbrad

Forberedelsestid: 10 minutter

Madlavningstid: 30 minutter

Portioner: 6

Sværhedsgrad: Gennemsnitlig

Ingredienser:

- ½ kop friske italienske persilleblade, hakket
- 3 spsk friske rosmarinblade, hakket
- 3 spsk friske timianblade, hakket
- 3 spsk dijonsennep
- 1 spsk ekstra jomfru olivenolie
- 4 fed hvidløg, hakket
- ½ tsk havsalt
- ¼ tsk friskkværnet sort peber
- 1 (1½ pund) svinemørbrad

Rutevejledning:

Forvarm ovnen til 400°F. Blend persille, rosmarin, timian, sennep, olivenolie, hvidløg, havsalt og peber. Bearbejd i cirka 30 sekunder indtil glat. Fordel blandingen jævnt over svinekødet og læg det på en bageplade med kant.

Bages indtil kødet når en indre temperatur på 140°F. Tag den ud af ovnen og stil den til side i 10 minutter, inden den skæres i skiver og serveres.

Ernæring (for 100g):393 Kalorier 3g Fedt 5g Kulhydrater 74g Protein 697mg Natrium

Bøf med rødvin-svampesauce

Forberedelsestid: minutter plus 8 timer at marinere

Madlavningstid: 20 minutter

Portioner: 4

Sværhedsgrad: Svært

Ingredienser:

- Til marinaden og bøffen
- 1 kop tør rødvin
- 3 fed hvidløg, hakket
- 2 spsk ekstra jomfru olivenolie
- 1 spsk sojasovs med lavt natriumindhold
- 1 spsk tørret timian
- 1 tsk dijonsennep
- 2 spsk ekstra jomfru olivenolie
- 1 til 1½ pund nederdelsteak, fladjernsbøf eller tri-tip bøf
- Til svampesauce
- 2 spsk ekstra jomfru olivenolie
- 1-pund cremini-svampe i kvarte
- ½ tsk havsalt
- 1 tsk tørret timian
- 1/8 tsk friskkværnet sort peber
- 2 fed hvidløg, hakket
- 1 kop tør rødvin

Rutevejledning:

At lave marinade og bøf

I en lille skål piskes vin, hvidløg, olivenolie, sojasovs, timian og sennep. Hæld i en genlukkelig pose og tilsæt bøffen. Stil bøffen på køl til marinering i 4 til 8 timer. Fjern bøffen fra marinaden og dup den tør med køkkenrulle.

Kog olivenolien i en stor pande, indtil den skinner.

Placer bøffen og steg i cirka 4 minutter på hver side, indtil den er dybt brunet på hver side, og bøffen når en indre temperatur på 140°F. Tag bøffen ud af gryden og læg den på en tallerken med alufolie for at holde den varm, mens du forbereder svampesaucen.

Når svampesaucen er klar, skærer du bøffen mod kornet i ½ tomme tykke skiver.

At lave svampesauce

Kog olie i den samme stegepande over medium-høj varme. Tilsæt svampe, havsalt, timian og peber. Kog i cirka 6 minutter, under omrøring meget sjældent, indtil svampene er brune.

Svits hvidløget. Bland vinen i, og brug siden af en træske til at fjerne eventuelle brunede stykker fra bunden af stegepanden. Kog indtil væsken reduceres til det halve. Servér svampene over bøffen.

Ernæring (for 100g):405 kalorier 5 g fedt 7 g kulhydrater 33 g protein 842 mg natrium

græske frikadeller

Forberedelsestid: 20 minutter

Madlavningstid: 25 minutter

Portioner: 4

Sværhedsgrad: Gennemsnitlig

Ingredienser:

- 2 skiver fuldkornsbrød
- 1¼ pund malet kalkun
- 1 æg
- ¼ kop krydret fuldkornsbrød
- 3 fed hvidløg, hakket
- ¼ rødløg, revet
- ¼ kop hakket frisk italiensk persilleblade
- 2 spsk hakkede friske mynteblade
- 2 spsk hakkede friske oreganoblade
- ½ tsk havsalt
- ¼ tsk friskkværnet sort peber

Rutevejledning:

Forvarm ovnen til 350°F. Læg bagepapir eller alufolie på bagepladen. Kør brødet under vand for at fugte det, og pres eventuelt overskydende. Riv vådt brød i små stykker og læg det i en mellemstor skål.

Tilsæt kalkun, æg, brødkrummer, hvidløg, rødløg, persille, mynte, oregano, havsalt og peber. Bland godt. Form blandingen til kugler på ¼ kop. Læg frikadellerne på den forberedte plade og bag dem i cirka 25 minutter, eller indtil den indre temperatur når 165 °F.

Ernæring (for 100g):350 kalorier 6 g fedt 10 g kulhydrater 42 g protein 842 mg natrium

Lam med strygebønner

Forberedelsestid: 10 minutter

Tilberedningstid: 1 time

Portioner: 6

Sværhedsgrad: Svært

Ingredienser:

- ¼ kop ekstra jomfru olivenolie, delt
- 6 lammekoteletter, trimmet for ekstra fedt
- 1 tsk havsalt, delt
- ½ tsk friskkværnet sort peber
- 2 spsk tomatpure
- 1½ dl varmt vand
- 1-pund grønne bønner, trimmet og halveret på kryds og tværs
- 1 løg, hakket
- 2 tomater, hakkede

Rutevejledning:

Kog 2 spsk olivenolie i en stor stegepande, indtil den skinner. Krydr lammekoteletterne med ½ tsk havsalt og 1/8 tsk peber. Steg lammet i den varme olie i cirka 4 minutter på hver side, indtil det er brunet på begge sider. Læg kødet på et fad og stil det til side.

Stil stegepanden tilbage til varmen og kom de resterende 2 spsk olivenolie på. Varm op, indtil det skinner.

I en skål smeltes tomatpuréen i det varme vand. Tilføj det til den varme stegepande sammen med grønne bønner, løg, tomater og den resterende ½ tsk havsalt og ¼ tsk peber. Lad det simre ved at bruge en skes side til at skrabe brunede stykker fra bunden af gryden.

Kom lammekoteletterne tilbage i gryden. Lad det koge og juster varmen til medium-lav. Lad det simre i 45 minutter, indtil bønnerne er bløde, og tilsæt yderligere vand efter behov for at justere saucens tykkelse.

Ernæring (for 100g):439 Kalorier 4g Fedt 10g Kulhydrater 50g Protein 745mg Natrium

Kylling i tomat-balsamico pandesauce

Forberedelsestid: 10 minutter

Madlavningstid: 20 minutter

Portioner: 4

Sværhedsgrad: Gennemsnitlig

ingredienser

- 2 (8 oz. eller 226,7 g hver) udbenet kyllingebryst, uden skind
- ½ tsk. salt
- ½ tsk. jord peber
- 3 spsk. ekstra jomfru oliven olie
- ½ c. halverede cherrytomater
- 2 spsk. snittet skalotteløg
- ¼ c. balsamicoeddike
- 1 spsk. hakket hvidløg
- 1 spsk. ristede fennikelfrø, knuste
- 1 spsk. smør

Rutevejledning:

Skær kyllingebrystene i 4 stykker og pisk dem med en hammer, indtil den når en tykkelse på en ¼ tomme. Brug ¼ teskefulde peber og salt til at belægge kyllingen. Opvarm to spiseskefulde olie i en stegepande og hold varmen på medium. Kog kyllingebrystene på begge sider i tre minutter. Læg den på en tallerken og dæk den med folie for at holde den varm.

Tilsæt en spiseskefuld olie, skalotteløg og tomater i en gryde og kog indtil det er blødt. Tilsæt eddike og kog blandingen, indtil eddiken er reduceret til det halve. Kom fennikelfrø, hvidløg, salt og peber og kog i cirka fire minutter. Tag den ud af varmen og rør den med smør. Hæld denne sauce over kyllingen og server.

Ernæring (for 100g):294 Kalorier 17g Fedt 10g Kulhydrater 2g Protein 639mg Natrium

Brune ris, feta, friske ærter og myntesalat

Forberedelsestid: 10 minutter

Madlavningstid: 25 minutter

Portioner: 4

Sværhedsgrad: Let

Ingredienser:

- 2 c. brune ris
- 3 c. vand
- Salt
- 5 oz. eller 141,7 g smuldret fetaost
- 2 c. kogte ærter
- ½ c. hakket mynte, frisk
- 2 spsk. olivenolie
- Salt og peber

Rutevejledning:

Læg de brune ris, vand og salt i en gryde ved middel varme, læg låg på og bring det til kogepunktet. Skru på den nederste varme og lad det koge, indtil vandet er opløst, og risene er bløde, men seje. Lad køle helt af

Tilsæt feta, ærter, mynte, olivenolie, salt og peber til en salatskål med de afkølede ris og vend sammen. Server og nyd!

Ernæring (for 100g):613 Kalorier 18,2g Fedt 45g Kulhydrater 12g Protein 755mg Natrium

Fuldkorns pitabrød fyldt med oliven og kikærter

Forberedelsestid: 10 minutter

Madlavningstid: 20 minutter

Portioner: 2

Sværhedsgrad: Gennemsnitlig

Ingredienser:

- 2 fuldkorns pita lommer
- 2 spsk. olivenolie
- 2 fed hvidløg, hakket
- 1 løg, hakket
- ½ tsk. spidskommen
- 10 sorte oliven, hakket
- 2 c. kogte kikærter
- Salt og peber

Rutevejledning:

Skær pita-lommerne op og læg dem til side Juster din varme til medium og sæt en pande på plads. Tilsæt olivenolien og varm op. Bland hvidløg, løg og spidskommen i den varme pande og rør rundt, mens løgene bliver bløde og spidskommen dufter. Tilsæt oliven, kikærter, salt og peber og vend det hele sammen, indtil kikærterne bliver gyldne

Sæt gryden fra varmen og brug din træske til at mose kikærterne groft, så nogle er intakte og nogle knuses Varm dine pita-lommer op i mikroovnen, i ovnen eller på en ren pande på komfuret

Fyld dem med din kikærteblanding og nyd!

Ernæring (for 100g):503 Kalorier 19g Fedt 14g Kulhydrater 15,7g Protein 798mg Natrium

Ristede gulerødder med valnødder og cannellini bønner

Forberedelsestid: 10 minutter

Madlavningstid: 45 minutter

Portioner: 4

Sværhedsgrad: Gennemsnitlig

Ingredienser:

- 4 skrællede gulerødder, hakket
- 1 c. valnødder
- 1 spsk. honning
- 2 spsk. olivenolie
- 2 c. dåse cannellini bønner, drænet
- 1 frisk timiankvist
- Salt og peber

Rutevejledning:

Indstil ovnen til 400 F/204 C og beklæd en bageplade eller bradepande med bagepapir. Læg gulerødder og valnødder på den forede plade eller pande. Drys olivenolie og honning over gulerødderne og valnødderne og giv det hele lidt for at sikre, at hvert stykke er overtrukket. Spred bønnerne ud på bakken og sæt dem ind i gulerødder og valnødder

Tilsæt timian og drys det hele med salt og peber Sæt bakken i ovnen og steg i ca. 40 minutter.

Server og nyd

Ernæring (for 100g):385 Kalorier 27g Fedt 6g Kulhydrater 18g Protein 859mg Natrium

Krydret, smurt kylling

Forberedelsestid: 10 minutter

Madlavningstid: 25 minutter

Portioner: 4

Sværhedsgrad: Gennemsnitlig

Ingredienser:

- ½ c. Kraftig piskefløde
- 1 spsk. Salt
- ½ c. Bone Bouillon
- 1 spsk. Peber
- 4 spsk. Smør
- 4 kyllingebrysthalvdele

Rutevejledning:

Sæt bradepanden på din ovn over medium varme og tilsæt en spiseskefuld smør. Når smørret er varmt og smeltet, læg kyllingen i og steg i fem minutter på hver side. I slutningen af denne tid skal kyllingen være gennemstegt og gylden; hvis det er, så gå videre og læg det på en tallerken.

Dernæst skal du tilføje knoglebouillonen i den varme gryde. Tilsæt kraftig piskefløde, salt og peber. Lad derefter gryden stå, indtil din sauce begynder at simre. Lad denne proces ske i fem minutter for at lade saucen tykne.

Til sidst skal du tilføje resten af dit smør og kyllingen tilbage i gryden. Sørg for at bruge en ske til at placere saucen over din kylling og kvæle den helt. Tjene

Ernæring (for 100g):350 kalorier 25 g fedt 10 g kulhydrater 25 g protein 869 mg natrium

Dobbelt ostet baconkylling

Forberedelsestid: 10 minutter

Madlavningstid: 30 minutter

Portioner: 4

Sværhedsgrad: Let

Ingredienser:

- 4 oz. eller 113 g. Flødeost
- 1 c. Cheddar ost
- 8 strimler bacon
- Havsalt
- Peber
- 2 fed hvidløg, finthakket
- Kyllingebryst
- 1 spsk. Baconfedt eller smør

Rutevejledning:

Klargør ovnen til 400 F/204 C Skær kyllingebrystene i halve for at gøre dem tynde

Smag til med salt, peber og hvidløg Smør en bradepande med smør og læg kyllingebryst i den. Tilsæt flødeost og cheddarost oven på brysterne

Tilsæt også baconskiver. Sæt gryden i ovnen i 30 minutter.

Serveres varm

Ernæring (for 100g):610 kalorier 32g Fedt 3g Kulhydrater 38g Protein 759mg Natrium

Rejer med citron og peber

Forberedelsestid: 10 minutter

Madlavningstid: 10 minutter

Portioner: 4

Sværhedsgrad: Let

Ingredienser:

- 40 deveirede rejer, pillede
- 6 hakkede fed hvidløg
- Salt og sort peber
- 3 spsk. olivenolie
- ¼ tsk. sød paprika
- En knivspids knust rød peberflage
- ¼ tsk. revet citronskal
- 3 spsk. Sherry eller en anden vin
- 1½ spsk. skåret purløg
- Saft af 1 citron

Rutevejledning:

Juster din varme til medium-høj og sæt en pande på plads.

Tilsæt olie og rejer, drys med peber og salt og kog i 1 minut Tilsæt paprika, hvidløg og peberflager, rør rundt og kog i 1 minut. Rør forsigtigt sherry i og lad det koge i et ekstra minut

Tag rejer af varmen, tilsæt purløg og citronskal, rør rundt og overfør rejer til tallerkener. Tilsæt citronsaft over det hele og server

Ernæring (for 100g): 140 kalorier 1g fedt 5g kulhydrater 18g protein 694mg natrium

CPSIA information can be obtained
at www.ICGtesting.com
Printed in the USA
LVHW081341221222
735718LV00014B/537